AF370461

ENCUENTROS CON ALIENÍGENAS EN LOS ANDES

Roger Ildefonso Huanca

EDIQUID

ENCUENTROS CON ALIENÍGENAS
EN LOS ANDES
© Roger Ildefonso Huanca, 2020

Editado por: Corporación Ígneo, S.A.C.
para su sello editorial Ediquid
Av. Arequipa 185 1380,
Urb. Santa Beatriz. Lima - Perú

ISBN: 978-612-48345-3-0
Impresión bajo demanda

Hecho el Depósito Legal en la Biblioteca Nacional del Perú N° 2020-07396
Se terminó de imprimir en noviembre del 2020 en:
ALEPH IMPRESIONES SRL
Jr. Risso Nro. 580
Lince - Lima

www.grupoigneo.com
Correo electrónico: contacto@grupoigneo.com
Facebook: Grupo Ígneo | Twitter: @editorialigneo | Instagram: @grupoigneo

Diseño de portada: Oriana Vargas
Dibujos: Roger Ildefonso
Diagramación: Dianora Gómez Nessi

Colección: Pensamiento

Dedicado a mis primos y amigos de la ciudad minera de Cerro de Pasco: Reinaldo Vilca, Clemente Rivera, Elmer Ildefonso, Yone Bullón, Leónidas Yachas, Orlando Vilca y Daniel La Torre, con quienes, en épocas juveniles y entre otras cosas, también intentamos esclarecer el misterio de los OVNI.

CONTENIDO

PRÓLOGO

Los Andes es una amplia zona de América del Sur que comprende parte de Argentina, Venezuela, Ecuador, Colombia, Perú, Bolivia y Chile. Su suelo está identificado por aquella cadena de montañas conocida como Cordillera de Los Andes. En su entorno se presenta una variedad de climas y zonas ecológicas que van desde cálidos valles hasta frígidas zonas de altura donde el oxígeno se muestra enrarecido. En esa extensa zona encontramos ríos, lagunas y nevados; sin ignorar a la nutrida vegetación que es el sustento de una milenaria agricultura y a los ricos suelos que hacen florecer a la minería.

Los Andes no solo posee una rica fauna y flora, sino una cultura. Existe la cultura andina, con una visión propia del mundo ligada a la tierra, el agua y el sol. Esta cultura forma parte del llamado Nuevo Mundo, descubierto por Cristóbal Colon, llamado así por ser relativamente nuevo en comparación con civilizaciones más antiguas, como la egipcia o la china.

Hablar de lo andino es amplio y en esta oportunidad solo tocaré un tema. Se trata de la supuesta presencia de seres del espacio en Los Andes.

Es en el siglo XX, coincidiendo con la aparición moderna del fenómeno ovni en el mundo, en que se presentan casos de supuestos encuentros con alienígenas en Los Andes. Casos hay muchos y se dice que la zona andina representa el segundo o tercer lugar en el mundo en lo que a cantidad de casos de avistamientos ovni se refiere; sin embargo, en los países andinos no se cuenta con los medios necesarios para la debida investigación de este fenómeno. Es por ese motivo que la mayor cantidad de casos ufológicos que se han presentado en las zonas andinas no han sido adecuadamente estudiados, quedando algunos como simples testimonios, rumores o leyendas.

Los casos que presento en este libro son importantes, pero en su mayoría quedan en el terreno de las suposiciones por las razones ya expuestas. Eso no quiere decir que se debe dejar de lado o ignorarlas, pues tienen importancia y deben ser conocidas por el público.

Este no es un libro de investigación ufológica sino se relatos de supuestos casos de encuentros con extraterrestres, dando constancia de que a la mayoría de esos casos no los conozco directamente ni doy fe de ellos, salvo en el caso de Rama (y de Zarzal).

Vale precisar que solo he incluido casos de encuentros con extraterrestres o lo que se conoce como *Encuentros de tercer y cuarto tipo*. No he incluido testimonios donde solo se relatan apariciones de ovnis, pese a que algunos de estos son casos muy interesantes.

Cada caso los presento en orden cronológico y bajo la forma de relatos. Al final de cada uno presento algunos datos complementarios, las fuentes de información y un breve comentario.

Muchos de los relatos quedan en el terreno de las dudas; otros a todas luces son ciertos. El lector dará su propio veredicto.

El autor.

¿*STAR WARS* EN LA QUEBRADA BANDURRIAS? (¿1952?)

La vicuña siempre ha sido un animal andino apreciado por su lana. Su codiciada caza fue libre hasta el año 1950 en que su población entró en peligro de extinción. A partir de entonces las autoridades de los países andinos comenzaron a controlar su caza y el comercio de su lana.

Era los inicios del decenio 1950-1959 y una patrulla policial chilena se hallaba cerca a la frontera con Bolivia. Su objetivo era vigilar y controlar el contrabando de pieles de vicuña procedentes de Bolivia. La patrulla estaba conformada por un teniente y cinco policías. Aquel día ellos estaban cansados por la larga e infructuosa jornada. Les hubiera gustado llegar ya al poblado donde se hallaba el relevo, pero tenían que hacer la revisión de esa zona de la frontera y no había modo de acelerar o acortar aquella revisión.

La patrulla, jadeante, bajaba por la quebrada Bandurrias, Región Antofagasta, que en ese clima cálido apenas tenía un hilo de agua. El teniente se hallaba enojado por aquella pesada jornada. De pronto, uno de los policías le informó que más abajo había una casa plateada. Al oírlo, el enojo del teniente aumentó creyendo que este subordinado estaba alucinando debido al calor reinante. La marcha continuó. Se acercaron a la zona donde se hallaba la supuesta casa y el teniente efectivamente vio esa extraña edificación plateada. Inmediatamente lo identificó como la guarida de los contrabandistas de pieles. La penosa jornada había dado sus frutos. Sin pensarlo dos veces ordenó una acción en abanico para cubrir la zona. La patrulla se instaló en sus posiciones. Entonces el teniente alzó la mano derecha y lo bajó con dirección al supuesto campamento plateado. La orden estaba dada. La patrulla bajó silenciosa y rápidamente. Al hacerlo, uno de los policías, sin quererlo, hizo que una piedra rodara alertando a los supuestos contrabandistas. Estos salieron de su guarida y se pusieron en posición de resguardo, cubriendo el área. Eran varios y estaban armados. Sin dudar, el teniente dio la orden de disparar. Inmediatamente se produjo el intercambio de disparos: la policía con proyectiles de plomo y «ellos» con haces lumínicos que atravesaban los cuerpos y los abrían como una flor. Los primeros en caer fueron los caballos. Lo hicieron reventados «de adentro hacia afuera». Luego cayeron los policías, uno a uno. El teniente estaba desesperado y ordenó replegarse a los dos hombres que le quedaban. Subieron tratando de alejarse, pero una de las luces impactó en el pecho de un policía, quien cayó fulminado. Estaba muerto y lo dejaron allí. La huida fue casi a carreras. Esa batalla estaba perdida.

Tardaron en llegar al poblado pues no tenían caballos y se hallaban extenuados. Luego de dos días reportaron a los jefes. Estos de inmediato enviaron a una patrulla bien armada. Al llegar solo hallaron rastros de sangre fresca. No estaban los cuerpos de los policías ni de los caballos. La construcción metálica tampoco se hallaba.

〜〜　　〜〜

Este caso llegó a oídos del ufólogo Jorge Eduardo Anfrúns Dumont. Fue un camionero quien le narró lo sucedido. Este camionero había tenido conocimiento del caso por boca de un campesino llamado Benito. El investigador Jorge Anfrúns lo publicó en su libro Extraterrestres en Chile *(2).*

Por supuesto que el teniente en su reporte a sus superiores no habló de extraterrestres ni platillos voladores. En esos años no se conocía de esos temas. Para él se trató de un enfrentamiento con sofisticados contrabandistas. Tal vez ese reporte se halla olvidado en algún archivo de la policía.

De haber sido cierto este caso, se trataría del primer enfrentamiento armado entre efectivos nuestros y extraterrestres en Los Andes y tal vez en toda Iberoamérica. A nivel mundial, son escasos los reportes acerca de enfrentamientos armados similares. El ufólogo americano Leonard H. Stringfield supo, por boca de un informante del ejército, que en el mes de abril de 1972 en plena Guerra con Vietnam un grupo especial del ejército americano se hallaba en la frontera con Camboya cuando sorprendieron a un grupo de alienígenas separando varios órganos de los cadáveres de soldados. Los órganos los introducían en grandes y herméticos contenedores. De inmediato esos americanos los atacaron desarrollándose un enfrentamiento que produjo numerosas bajas.

Por otro lado, el ingeniero Philip Scheider narró que a finales de 1979 se hallaba participando en la ampliación de una base militar en Dulce, Nuevo México. Habían hecho cuatro grandes perforaciones. Luego él y un grupo de colaboradores descendieron por una de esas perforaciones para estudiar las rocas y decidir qué tipo de explosivos debía usarse. Al bajar a cierta profundidad encontraron una gran caverna. En ese lugar se hallaban numerosos alienígenas tipo grises. Eran altos. El ingeniero disparó y mató a dos. Luego resultó herido, pero fue rescatado. Más tarde llegaron decenas de refuerzos (boinas verdes y negras). Se produjo el enfrentamiento y casi todos esos comandos murieron.

En la década de los 50, cuando a Albert Einstein le preguntaron acerca de la existencia de los platillos voladores, él dijo que no tenía la certeza si existían o no, pero recomendó a las autoridades, policías o ejércitos que si se encontraran con una de esas naves no debían dispararles.

Hay numerosos casos de personas que al encontrarse con ovnis o con sus tripulantes les han disparado. Casi siempre la respuesta de «ellos» fue esquivar esos disparos o lanzarles rayos paralizantes. Pero no siempre ocurrió así. El 13 de agosto de 1967, el Sr. Inácio de Souza se hallaba en una hacienda, situada en el Estado de Goiás, Brasil. Él era administrador de esa hacienda, por lo tanto, su misión era cuidar esa propiedad. Aquel día descubrió que en el aeródromo de esa hacienda había descendido un extraño avión. Entonces, arma en mano se acercó. Al hacerlo vio a tres extrañas personas. Eran calvos y vestían ropa amarillenta tan ceñida al cuerpo que parecían estar desnudos. Ellos comenzaron a acercarse. De inmediato el Sr. Inácio apuntó al que estaba más cerca y le disparó. Inmediatamente salió del «avión» una luz verde que le impactó en el lado izquierdo del pecho. Inácio cayó al suelo. Los extraños subieron al «avión» y este despegó velozmente de forma vertical. Tres días después llegó el dueño de la hacienda. Al ver que Inácio estaba enfermo le llevó a la capital del Estado. Allí los especialistas le diagnosticaron una enfermedad de la sangre similar a la leucemia. Luego de dos meses falleció.

«Ellos» dispararon haces de luz contra la patrulla cabalgada.

MI NOMBRE ES JELU
(1954)

Ayacucho es un departamento andino situado en el sur del Perú. Su capital es Huamanga y cuenta con numerosas iglesias, siendo tal vez una de las ciudades con mayor número de iglesias en el mundo. Enclavado entre las montañas andinas, Huamanga tiene, además de sus iglesias, a la antigua Universidad de Huamanga y cerca de la ciudad, a la pampa donde Simón Bolívar y el Ejército Libertador derrotaron definitivamente a los españoles.

En la apacible y verde Huamanga vivía la familia Jiménez, conformada por Carlos Jiménez y su esposa Anita. Ellos vivían en la calle 28 de Julio, situada al sur de la Plaza de Armas y de la Iglesia La Compañía de Jesús. Su casa era amplia, como muchas de la ciudad, y poseía un patio central, varias habitaciones, una escalera hacia el segundo piso y un techo de tejas.

Todo sucedió un domingo del mes de mayo de 1954. Eran horas de la tarde, el día estaba soleado y la pareja de esposos había retornado a casa luego de haber hecho compras. Al ingresar, ambos comenzaron a llevar todo lo comprado a la cocina, colocándolo en los armarios. Se hallaban en esos quehaceres cuando Anita escuchó un ruido en el piso de arriba. Inmediatamente se acercó al pie de la escalera que había en el patio, cercano al corral, con el fin de escuchar mejor. Se detuvo un instante en ese lugar y oyó un ruido semejante a discretas pisadas. Entonces ella alertó a Carlos y ambos fueron a inspeccionar. Con pasos calmados subieron por la escalera. Carlos se hallaba adelante. Al llegar al segundo piso comenzaron a examinar los tres cuartos y nada extraño hallaron. Por último, decidieron entrar en el propio dormitorio de la pareja. Caminaron hacia allá y en ese momento Anita tuvo una fuerte sensación de que alguien estaba allí y por tal motivo cogió el brazo de su esposo. Carlos también se puso en alerta y ambos decidieron mantenerse quietos. Durante casi un minuto se mantuvieron sin hacer el menor ruido y en ese lapso oyeron pequeñas pisadas dentro de aquella habitación. Entonces, con curiosidad y cuidado, se acercaron a la puerta entreabierta. Observaron lo que había dentro. Al hacerlo, en forma súbita se detuvieron, asombrados. Parado en el otro lado de la cama se encontraba una bella y joven mujer. Ella, al ser descubierta, pareció impresionarse por breves segundos y luego su rostro mostró una expresión de desánimo y frustración, como si la llegada de los esposos impidiera algo que estaba haciendo o por hacer.

Según el cálculo de Anita, la intrusa era delgada y tenía 1,75 m de estatura. Su cutis era bronceado dorado. Su cabellera era abundante, ondulada y rizada, de color castaño rojizo. Llevaba algo semejante a aretes de oro en las orejas y sandalias en los pies. El vestido era simple. A Anita le pareció ese vestido como un traje de nadar francés, de color verde y como una chaqueta bolero del mismo color con mangas largas hasta el codo.

En el antebrazo izquierdo llevaba algo parecido a un molde de plástico de color blanquecino. En general, aquella mujer parecía una extranjera.

Anita, sin titubear, preguntó a la intrusa quién era y qué hacía en su casa. La extraña les miró en silencio por un largo momento y luego les contestó con un defectuoso español:

—Mi nombre es Jelu. Yo no soy de aquí.

Diciendo eso alzó su antebrazo izquierdo. En ese momento la pareja de esposos vio unas luces multicolores brillando delante del extremo del brazo de la intrusa. En ese instante, la extraña mujer comenzó a golpear con sus dedos el extremo de su antebrazo izquierdo como si estuviera escribiendo mecanografía o digitando algo. Al instante apareció entre los presentes una niebla de color rojo tenue.

Sin prestar atención a las expresiones de sorpresa de la pareja de esposos, la extraña mujer volteó y dirigió su mirada hacia el empastado blanco de la pared situado detrás de la cama, como si esperaba ver algo allí. Luego, otra vez comenzó a golpear el dispositivo de «grueso plástico» que tenía en la muñeca izquierda. En ese instante, Carlos quiso poner fin a todo este espectáculo y se dirigió hacia la intrusa, rodeando la cama, con el fin de detenerla. Al hacerlo, sus dedos se pusieron en contacto con la niebla y sintió el impacto, retirándolos al instante con un fuerte grito de dolor. Inmediatamente se desplomó contra la alfombra del piso. Entonces Anita, acongojada, se abalanzó hacia su esposo. Él, pálido y jadeante, comenzó a incorporarse sacudiendo ligeramente su golpeada mano. Sus dedos tenían pequeñas ampollas rojas. En ese momento, súbitamente, apareció un círculo de luz dorada en la blanca pared. Según se acercaba se veía un relámpago luminoso en el otro lado. El círculo luminoso rápidamente aumentó de tamaño hasta alcanzar una altura que iba desde el piso hasta el techo de la habitación. La luz era dúctil, semejante al «aceite flotando en agua».

La extraña mujer caminó hacia el círculo de luz que había aparecido y penetró en él, desapareciendo sin dejar rastro alguno. Luego, la neblina rojiza también desapareció y volvió la calma en el ambiente.

La habitación quedó en silencio. La pareja de esposos se mantuvo en ese lugar sin salir de su asombro. Más tarde, al recuperarse, se acercaron a la policía para notificar lo sucedido.

La policía revisó la casa e interrogó a los esposos. No hallaron indicios de robo. Al final concluyeron que la causante de todo habría sido una mujer loca. Es decir, que la intrusa era una demente.

Este caso fue conocido por la familia Keohans y también por John Hayes, cuando en el año 1973 ellos llegaron al Perú en una especie de tour con el fin de indagar acerca de los astronautas ancestrales. En esa oportunidad estuvieron en Huancayo luego emprendieron viaje al Cuzco. En el trayecto se detuvieron en Ayacucho donde escucharon este relato.

Este caso fue publicado por Joseph Trainor en UFO Roundup, Vol. 6, Nº 19, Mayo, Año 2001 (33). *También lo menciona el libro de Harold T. Wilkins titulado* Flying saucers uncensored *(38).*

El presente caso nos permite comentar con respecto a los llamados «visitantes de dormitorio», que se hicieron frecuentes en varios países en la década de los 90. Los visitantes de dormitorio eran descritos como entidades que aparecían en la penumbra de la noche para manipular a las personas que estaban durmiendo. Se habló mucho de que eran alienígenas realizando experimentos genéticos a su favor.

El hecho narrado sucedió en plena luz del día y los testigos no estaban durmiendo. Por lo tanto, no tiene que ver con los llamados visitantes de dormitorio.

Este caso también guarda relación con infinitos relatos de fantasmas y apariciones, tan frecuentes a lo largo de la historia. Coincidentemente, «Ayacucho» significa en idioma quechua «rincón de los muertos» o «morada del alma».

Cuando no hay una nave u ovni en este tipo de experiencias siempre queda la duda por saber si esas apariciones tienen que ver con extraterrestres. En este caso algunos podrían opinar que se trataba de una figura espectral, muy común en el imaginario y en la tradición de los pueblos. Sin embargo, se puede plantear que esta mujer vino de un universo paralelo. No olvidemos que ella dijo: «yo no soy de aquí». En la actualidad no es descabellado hablar de mundos paralelos. Muchos hombres de ciencia, como Michio Kaku (17), hablan de eso.

Si la extraña mujer hubiera sido una alienígena, es de suponer que su aparición lo hizo usando el teletransporte o teleportación. Aquella neblina y el círculo de luz que apareció en el cuarto formarían parte de ese fenómeno o mecanismo. Mediante ese medio, la visitante habría hecho su aparición en el dormitorio usando como instrumento tecnológico el brazalete que llevaba en su muñeca izquierda.

La extraña mujer comenzó a golpear con sus dedos al «dispositivo» que llevaba en el antebrazo, como si digitara algo.

LUCHA CUERPO A CUERPO
(1954)

Venezuela es un país tropical, sin embargo, en su lado occidental tiene parte de la cordillera de Los Andes, donde se pueden hallar montañas de hasta 4000 msnm.

La Carretera Transandina es una vía que parte desde Caracas con dirección a la Cordillera de Los Andes hasta llegar al pueblo de San Antonio del Táchira, en la frontera con Colombia. Esta carretera es un importante medio de enlace que une Venezuela con Colombia, bajo la presencia majestuosa de Los Andes.

El jueves 9 de diciembre de 1954 dos jóvenes obreros naturales de Carora, Estado Lara, Venezuela, se hallaban cazando por los alrededores de la Carretera Transandina, entre Chirico y Cerro de las Tres Torres, en el referido Estado Lara. Eran Lorenzo Flores, de 18 años, y Jesús Gómez, de 17 años. Ambos, con sus respectivas bicicletas, trataban de aprovechar las últimas horas del día antes de retornar a sus hogares.

Todo cazador debe ser buen observador y los dos jóvenes se hallaban vigilantes a todo lo que les rodeaba cuando de pronto vieron un objeto luminoso, situado a 50 m de distancia. Al inicio pensaron que era un automóvil y se acercaron para verlo mejor. Al hacerlo se dieron cuenta de que era como dos platos grandes, uno encima del otro, pero suspendidos a 80 cm del suelo. En su parte inferior emitía algo semejante a llamas o fuego.

Los dos jóvenes, llenos de curiosidad, dejaron sus bicicletas en la carretera y se dispusieron a inspeccionar internándose en la vegetación. En ese momento salieron de la nave cuatro humanoides de un metro de altura y que poseían tupidos vellos en el cuerpo. De inmediato los cuatro seres atacaron a los jóvenes y se entabló una lucha cuerpo a cuerpo. En ese instante, Jesús Gómez se desmayó. Los pequeños seres aprovecharon la situación y comenzaron a arrastrar al maltrecho muchacho hacia la nave. Al ver eso, Lorenzo Flores cogió su escopeta, que estaba sin balas, y comenzó a dar culetazos a los extraños. Al hacerlo sintió como si sus golpes se estrellaban contra una dura roca y la escopeta se rompió. Esa circunstancia fue aprovechada por Jesús Gómez, quien logró librarse de los pequeños seres. Inmediatamente los dos jóvenes corrieron hacia la carretera, situada a 20 m. Al llegar a la vía voltearon la vista y vieron que la nave había partido.

Los jóvenes se mantuvieron en la carretera hasta que apareció un camión de la Corporación Inlaca y se detuvo. El chofer aceptó llevarlos y les dijo haber visto una intensa luz saliendo del lugar donde se había producido el enfrentamiento. Se dirigieron hasta el cuartel de la policía de Caroca. Los jóvenes estaban sin zapatos y con las camisas destrozadas. Jesús Gómez tenía rasguños en el cuerpo y ambos se hallaban en situación de pánico.

⚬⚬⚬ ⚬⚬⚬

Los oficiales de la policía Ramón Gonzáles y Ramón Gudiño, con cuatro agentes más, se dirigieron a la zona. Allí hallaron el machete, la escopeta rota y numerosas huellas. Asimismo, sintieron un fuerte olor a azufre.

El caso de los dos jóvenes cazadores fue reportado por el corresponsal de El Nacional *en Caroca y fue publicado por ese diario en los días siguientes al hecho. Asimismo, fue publicado por Coral Lorenzen en su libro* The Great Flying Saucer Hoax (19), *en Nueva York, 1962, y luego por Jacques Vallee en* Pasaporte a Magonia (35). *En los siguientes años varios libros lo han publicado.*

El hombre, en sus primeras aventuras por el espacio, envió a algunos animales en vuelos dirigidos, destacándose la perrita Laika. Siguiendo esa misma lógica, es de suponer que algunas civilizaciones del espacio envían animales entrenados para cumplir ciertas tareas en lejanos lugares.

Es indudable que los humanoides que atacaron a los cazadores tuvieron un comportamiento animal. Eran alienígenas, término que incluye también a animales del espacio.

En nuestro planeta la diferencia entre el hombre y el animal es inmensa. Tal vez en otros planetas esa diferencia es más corta.

Y los humanoides arrastraron al joven Jesús Gómez con el fin de introducirlo a la nave.

LA SONRISA MENTAL
(1958)

Hay actividades cuyos centros de operaciones están situados en lugares apartados. Una de ellas es el trabajo de búsqueda de minerales. Ese era el caso de Fernando Arquibola García. Él había nacido en Salta, Argentina, y se había graduado de técnico en radioelectricidad aeronáutica. En el año 1952 sus ocupaciones como técnico le dieron la oportunidad de hacerse cargo de las reparaciones de instrumentos (contadores Geiger, etc.) en la Dirección Nacional de Minas. Eso le permitió llegar a ser un experto en cateo o detección de minerales. Es así como, en sus tiempos libres, comenzó a dirigirse a lugares lejanos en busca de minerales.

En el año 1954, Fernando contrajo nupcias con una dama de Catamarca, lugar montañoso de Argentina, ideal para el cateo de minerales. En los años que siguieron Fernando Arquibola recorrió Catamarca para determinar el tipo mineralógico de la zona. Para tal efecto había llegado a obtener un permiso de cateo por parte de la Dirección de Minas de Catamarca. De esta manera llegó el año 1958. Fernando contaba con 30 años de edad y vivía en la casa de sus suegros, situado en Belén, Catamarca.

Una mañana del mes de enero de 1958, Fernando salió de expedición para realizar su acostumbrado cateo. Su destino era una zona situada a 8 km hacia el sur de Belén. Siendo las 4.00 am partió con un burro, en cuyo lomo puso su equipaje. El camino fue lento, pero sin contratiempos. A las 7.00 am llegó a la zona elegida. Era el mojón de la Mina San Antonio, de explotación de tungsteno. El cielo estaba limpio y se anunciaba un día caluroso. Sin perder tiempo, Fernando inició su labor. Al poco tiempo halló trozos de roca y los analizó tratando de ubicar algún «mineral piloto» (indicador de algún yacimiento). Las horas transcurrieron mientras que el calor iba en aumento.

A mediodía, Fernando se sentía cansado. Por tal motivo decidió reposar y comer. El sol era radiante, con una temperatura de 35 °C. Fernando se hallaba sentado en cierto lugar de la zona comiendo algo cuando escuchó un sonido intermitente. Al inicio no le dio importancia, pero al oír que ese sonido se repetía se dispuso a averiguar. Dio vueltas alrededor sin hallar nada extraño, pero el zumbido continuaba. Transcurrieron algunos minutos y al final Fernando llegó a la conclusión de que ese sonido llegaba desde un recodo ubicado en la quebrada. Fue hacia allá. Llevaba una brújula minera, prismáticos, una cantimplora, un bolígrafo y unas libretas de anotaciones. Llegó a la quebrada. Allí, a la izquierda estaba la sierra montañosa, a la derecha el llano y al frente un extenso campo lleno de pastos amarillentos. El cielo estaba despejado y el sol lucía su radiante y amarillo color. Fernando se detuvo. Pese al sombrero que llevaba, el calor le hacía sudar. Se puso a observar el panorama con detenimiento y descubrió que al frente, en el extenso campo, había una instalación o fortín. Eso le sorprendió, porque en el Catastro General de Minas no figuraba algún edificio en la zona. Caminó hacia allá y se detuvo a cien metros de distancia, para observarlo mejor. Era de 60 m de largo y 20 m de altura. Se hallaba sostenido en una especie de trípodes. En sus paredes había ventanales. Era, pues, un edificio; tal vez una base militar. Fernando avanzó unos veinticinco metros más cuando vio emerger una especie de periscopio por la parte superior de esa edificación. Eso le hizo detener y pensó que era una instalación militar que le había detectado. El riesgo era que le disparasen. A veces los militares primero disparan, luego dialogan. Por ese motivo Fernando se mantuvo de pie, esperando la llegada de ellos, los militares. Al cabo de un minuto salió una persona desde un extremo del edificio. Tenía alrededor de 1,90 m de altura y vestía una especie de escafandra de color blanco que le cubría todo el cuerpo. A nivel de la cabeza había algo así como un visor de vidrio, pero no se le veía el rostro debido a la distancia.

El supuesto militar avanzó un trecho y se detuvo a setenta y cinco metros de distancia, adoptando una actitud de diálogo. En ese momento, Fernando «oyó» en su mente una voz que le decía que se mantuviera parado y le preguntaba quién era. Fernando gritó su nombre, le dijo que hacía cateo y le señaló que se encontraba en la zona de cateo que tenía asignada por las autoridades. Luego le preguntó:

—¿Qué es ese edificio? ¿A quién le pertenece? No sabía que había instalaciones militares aquí.

Como respuesta captó una sonrisa de burla de aquel personaje. Era curioso, pues entre ambos había setenta y cinco metros de distancia y

Fernando «escuchaba» esa sonrisa como si estuviese a un metro. El personaje añadió:

—No es ninguna instalación terrestre.

Al «oír» eso, Fernando pensó que si no era terrestre, era naval. Luego le preguntó:

—¿Puedo pasar al otro lado del edificio para continuar el cateo?

El personaje respondió con una advertencia:

—No se mueva del lugar donde está parado.

Luego sacó una especie de linterna y apuntó a una roca situada a treinta metros de distancia. Al instante, una especie de haz de luz blanca salió del aparato e impactó en la roca, la cual se destruyó. Al ver esa escena, Fernando se atemorizó pensando que era un arma nueva y secreta. Luego de unos segundos de silencio, Fernando preguntó:

—¿Qué tipo de arma es esa?

—Es energía pura. ¿Por qué crees que es una instalación militar?

—Por el color (verde oliva mate) y porque es parecido a un laboratorio de investigación.

En ese momento, Fernando de nuevo percibió mentalmente la sonrisa de su interlocutor, quien luego le dijo:

—Es un vehículo espacial de otro mundo. Tiene problemas técnicos que los vamos a solucionar en breve tiempo.

—¿Esos problemas producían el zumbido intermitente que se escucha? —preguntó Fernando.

—Efectivamente.

Fernando, con más confianza, observó al supuesto vehículo tratando de hallar alguna tobera o algún sistema de propulsión. Al no hallarlo pensó que era una burla.

—¿Cómo es posible que sea una nave cuando no se ve ningún sistema de propulsión?

De nuevo Fernando «oyó» la sonrisa de su interlocutor, quien le aclaró:

—El sistema de propulsión no es ninguno de los actualmente conocidos por los terrestres.

Luego añadió que en el interior de la nave se hallaba aquello que hacía posible su desplazamiento. Fernando, aun incrédulo, siguió observando al aparato tratando de hallar fuselaje, alas, etc. y al final se dio cuenta de que efectivamente era una nave, como un aro gigantesco, semejante a lo que se conocía como platillo volador. Era grande. Debía pesar toneladas y le costaba creer cómo podría moverse. Entonces, el personaje le dijo:

—Hace mas de 20 000 años que sobrevolamos su planeta.

—¿De qué lugar vienen?

—De la misma galaxia del planeta Tierra. Nuestro sistema planetario tiene doble sol. Uno más grande que el otro.

Luego le dio una serie de coordenadas para que en un mapa estelar de la galaxia lo pudiera ubicar.

—¿Cómo se llama el planeta o los planetas a los cuales pertenecen?

La respuesta que obtuvo fue algo ininteligible. Entonces Fernando, lleno de curiosidad, le pidió ingresar a la nave. Inmediatamente el personaje «le dijo»:

—¿Pretende tener seiscientos años de la noche a la mañana?

—¿Qué quiere decir? —preguntó Fernando.

—Lo que usted puede ver ahí adentro es ininteligible para su mente... Nos separan 50 000 años de civilización.

Luego le puso como ejemplo a la mosca de mayo:

—Vive ocho horas terrestres. Si nace a las ocho de la de la mañana, a las cuatro de la tarde muere. Es decir, pasa por la infancia, juventud y madurez en ocho horas. Ese es el tiempo del ser humano, respecto a nosotros.

Esa respuesta no hizo callar a Fernando. Hizo otra pregunta, después otra y otra. Sus conocimientos de física y electrónica le hacían ver que estaba ante un mundo desconocido y fascinante; por eso preguntó una y otra vez obteniendo siempre una respuesta precisa. Luego, su curiosidad le hizo interrogar acerca del pasado terrestre, del primer hombre en la Tierra, de las antiguas civilizaciones, etc. Es así como con respecto a la Atlántida aquel ser le dijo que esa gran isla existió en el océano Atlántico hasta que un colapso sísmico le hizo desaparecer. En lo que respecta a *La Esfinge de Egipto* le narró que hace miles de años una expedición de su mundo llegó a Egipto. En ese lugar la gente moría víctima de una epidemia. La expedición, que estaba dirigida por una mujer, eliminó la epidemia. En agradecimiento a esa mujer, los pobladores levantaron la hoy famosa esfinge.

Durante más de tres horas Fernando desbordó sus ansias de conocimiento aprovechando el pequeño desperfecto de la nave bajo el caluroso sol de ese paraje argentino y también aprovechando la paciencia de su interlocutor, a quien había logrado arrancar varias sonrisas.

Finalmente, su interlocutor le anunció que se marcharía. Le pidió que se ocultara por detrás de la quebrada y que se echara al suelo tapándose los oídos. Fernando lo hizo. De pronto sintió el zumbido, pero más agudo, luego una fuerte presión en la cabeza. Levantó los ojos y vio que la nave se había elevado a trescientos metros. Allí estaba inmóvil. Luego partió velozmente hacia el noroeste.

Ese misterioso encuentro le causó una gran impresión a Fernando Arquibola pero no le dio éxito en su vida profesional, por lo que en el año 1964 tuvo que emigrar a Estados Unidos. El único recuerdo que mantuvo de ese contacto fue su brújula que a partir de ese día presentó una burbuja, como de aire, que durante 10 años le impidió funcionar.

Este caso fue publicado en Buenos Aires en el mes de enero de 1970 en la revista 2001, Año 2, N° 18, donde Fernando Arquibola narró su encuentro con el título «Yo hablé con un extraterrestre» (18). En años recientes Juan José Benítez también lo presentó en su libro Solo para tus ojos (7).

Es cierto, los escépticos de la vida extraterrestre desarrollan muchos argumentos válidos. Cuando el extraterrestre dijo a Fernando «lo que usted puede ver ahí es ininteligible para su mente» quiso decir que la diferencia entre «ellos» y nosotros no solo es cultural y tecnológica, sino biológica. Nuestra capacidad de entender guarda relación con el desarrollo de nuestro cerebro. Es de suponer que el cerebro de «ellos» nos lleva miles de años de ventaja en materia de evolución. Por ese motivo no estamos en la capacidad de entender a plenitud la verdad de las cosas. Eso explica por qué aún existen personas escépticas.

Por otro lado, este caso nos muestra que los extraterrestres también se ríen. Asimismo, nos da a conocer que en forma telepática no solo se pueden transmitir pensamientos, o sea palabras o expresiones semánticas, sino otras formas de expresiones; por ejemplo: una sonrisa burlona.

DURO DE CONVENCER
(1960)

Vlado Kapetanovich Bulatovich había nacido en la zona de Montenegro, Yugoslavia, y por aquellas cosas del destino le había tocado participar en la Segunda Guerra Mundial, llegando a vivir en carne propia verdaderas carnicerías humanas.

Como a muchas personas, la Segunda Guerra Mundial marcó a Vlado, quien, al terminar el conflicto bélico, llegó a tener un nefasto concepto del ser humano, una desconfianza hacia los demás y una gran incredulidad.

En el año 1948 Vlado llegó al Perú. Su profesión era ingeniero y no tardó en instalarse en un lugar apartado de las urbes para dedicarse solo a su trabajo y a su familia. Su centro de labores llegó a ser la Central Hidroeléctrica de Huallanca, situado en el Callejón de Huaylas, departamento de Ancash, en el norte andino del Perú.

El encuentro

La noche del 10 de marzo de 1960, Vlado se hallaba en la referida central hidroeléctrica laborando como Jefe de Operaciones Mecánicas cuando súbitamente ocurrió un apagón. Entonces, linterna en mano, fue a inspeccionar. Al salir al exterior vio que en un sector había una gran iluminación. Caminó hacia el puente y observó que, en una planicie, ubicado entre la unión del río Kitaraqsa con el río Santa, estaba posado un gran objeto luminoso. Se fue acercando y vio que era ovalado, como una gran lenteja. Pensó que el ejército, como parte de sus maniobras, había encerrado en una esfera de vidrio un reflector de gran potencia. También pensó que era una máquina nueva inventada por el hombre. Continuaba avanzando y pensando qué era aquello cuando, a 200 metros del objeto, se encontró con dos hombres. Eran altos, de 1,80 m, y de contextura delgada. Tenían los hombros caídos, caderas angostas y vestían algo así como una fina malla adherida al cuerpo, de color violáceo suave o blanco azulado, dando la apariencia de la piel lustrosa de una foca.

—¿Quiénes son ustedes y qué están haciendo aquí? —dijo Vlado.

—No te alarmes, amigo, por favor. Somos extraterrestres, del planeta Apu; viajamos por el espacio y cuando pasamos por esta galaxia visitamos la Tierra, fraternalmente. Te rogamos que nos disculpes, pues nos vamos enseguida.

Esa respuesta enojó a Vlado pues lo tomó como una burla. Inmediatamente increpó a los extraños por haber causado el corte de energía eléctrica a la hidroeléctrica. Ellos respondieron:

—La interrupción de la corriente eléctrica no la hemos originado nosotros; tu central ya tiene luz. Amigo, te rogamos que no nos juzgues mal...

Luego se despidieron diciendo:

—Todo por los demás.

Al aparato se hallaba suspendido en el aire, al parecer sostenido por tres haces de luz, a manera de patas o resortes. Había una escalera luminosa por donde subieron los dos hombres. Luego, la escalera y los haces de luz se retrajeron, el aparato se elevó verticalmente y se perdió entre las nubes.

La demostración

Transcurrió un mes y el 12 de abril de aquel año Vlado se dispuso a salir de caza por las montañas acompañado de Adrián Pérez, un trabajador perteneciente al área de mantenimiento de la central hidroeléctrica.

Desde las primeras horas del amanecer caminaron por la quebrada de Los Cedros y luego ascendieron por grandes cerros. Cerca de mediodía llegaron a una planicie, ubicada a 4000 msnm. Allí descansaron. El silencio era total. Les rodeaba un aire frío y fresco. Ambos se pusieron a observar el ambiente y a la distancia vieron que en una zona sin rocas se hallaba mismo aparato volador de aquella noche del apagón. Al verlo, Vlado se convenció de que esos visitantes eran de algún país y que venían en plan de espionaje o por algún trabajo ilegal.

Vlado y Adrián se dirigieron hacia el objeto y vieron que alrededor había un grupo de pastores: cuatro hombres, tres mujeres y cuatro niños. Ellos estaban sentados alrededor de una fogata. Más allá se hallaba un rebaño de cabras y ovejas. Los pastores se hallaban conversando tranquilamente con los extraños visitantes. Al llegar al lugar, un pastor, en forma agresiva, dijo a Vlado:

—¡Qué buscas por acá!

—Nada, amigo. Somos cazadores de pumas...

Los pumas eran felinos que atacaban a los rebaños y cazarlos era un alivio. Los campesinos se tranquilizaron con esa respuesta y aceptaron la compañía de Vlado y Adrián.

Era plena luz del día y Vlado pudo observar detenidamente a los extraños visitantes. Él, por su procedencia del viejo mundo, conocía bien las razas de la gente. La fisonomía de los extraños era una mezcla de varias razas, con cierta predominancia de la raza mongólica. Su traje era una malla similar al nylon. A la altura del pecho el traje llevaba quince botones alineados en tres filas. Alrededor de la cintura, de los tobillos y los puños tenía algo similar a bolsitas. Los zapatos eran parte de la malla. Asimismo, el traje cubría la cabeza, dejando ver solo el rostro.

En general, el comportamiento de los extraños inspiraba confianza.

Vlado inició la conversación diciendo:

—¿Por qué están acá y qué es lo que persiguen?

Ellos respondieron:

—Tú estás pensando que somos espías terrestres... No debes tener miedo, tú estás armado, nosotros no.

Al ver el gesto de incredulidad de Vlado, uno de los extraños decidió hacer una demostración para convencerlo. Se puso de pie. Se cubrió el rostro y la cabeza con una capucha transparente. Luego se colocó unos guantes blancos y apretó unos botones que llevaba a la altura del pecho. Entonces, las bolsitas que había en la cintura, en los tobillos y en los puños comenzaron a inflarse. Se oyó un leve soplo de viento y el individuo de inmediatamente se elevó desapareciendo entre las nubes. Vlado observaba atentamente y luego se dispuso a ver el retorno del extraño. Pensó que volvería cayendo verticalmente o con un paracaídas; sin embargo, el extraño retornó volando horizontalmente, como las aves, y descendió suavemente. Luego, sonriente le dijo:

—Dime, amigo, lo que acabas de ver, ¿lo pueden hacer los terrestres?

—¿Cómo lo hiciste? —dijo Vlado.

—Estos aparatos que tengo alrededor de mi cintura, tobillos y muñecas, se llenan de iones positivos y cuando empiezan a funcionar nos desgravitamos… En Apu todos hacemos vuelos individuales.

Esas explicaciones no convencieron a Vlado, mientras que Adrián se mantenía tranquilo.

Al final del día y durante el largo retorno Vlado se interesó en el asunto. Sin lugar a duda, Adrián sabía muchas cosas al respecto. El joven le narró:

—Desde hace algunos años están viniendo casi seguido… En un principio la gente pensaba que eran de un ejército terrestre, pero cuando nos dimos cuenta de que empezaron a volar como las aves, curar a los enfermos de manera muy rara, hacer que lloviera y otros «milagros», creímos que eran ángeles del cielo. Ellos dicen que están viniendo de un planeta lejano; quién sabe; a lo mejor son los mismos ángeles. Lo único que les puedo asegurar es que son gente buena, prestan ayuda a todos y no hacen daño a nadie, pero quiénes son y qué hacen acá, no lo sé…

Al oír eso, Vlado le preguntó por qué los campesinos no los dan a conocer al público o a las autoridades. El joven respondió:

—La gente no habla de ellos a nadie. La mayoría dice que esa gente viene del cielo; temen que si las autoridades se dan cuenta de su presencia, el ejército podría venir para detenerlos; los campesinos no quieren que eso ocurra.

Más demostraciones

Transcurrieron semanas y el domingo 15 de mayo de 1960 Vlado hizo otra expedición, en esta oportunidad acompañado de un joven de apellido Quispe. Como se podrá deducir, el ingeniero Vlado era aficionado a las caminatas y a la caza. Eran sus mejores entretenimientos en sus días libres y la naturaleza bella y desafiante que le rodeaba se prestaba a eso. Aquella mañana, durante horas, los expedicionarios ascendieron por colinas y montañas hasta llegar a una cumbre, situado frente al nevado de Champara, a más de 4000 msnm. Allí vieron una llanura donde había algunas vacas, ovejas, cabras y caballos. Se dirigieron hacia allá y hallaron una pequeña cabaña. De ese lugar salieron unos pastores con sus respectivos perros. Nuevamente, Vlado tuvo que decirles que buscaban pumas para cazarlos. De esta manera fueron aceptados y se pusieron a descansar un buen rato. De pronto hizo su aparición un aparato semejante a una avioneta y descendió verticalmente. Al posarse salió de su interior una mujer vestida como los anteriores personajes. Ella avanzó hacia la cabaña desplazándose en el aire, sin pisar la hierba.

—¿Por qué anda de esa manera? —preguntó Vlado a Quispe.

—Dicen que para no torturar a las células del césped, pisándolas —respondió.

Los perros corrieron hacia la extraña mujer y ella los acarició. Luego se puso a hablar con los pastores en idioma quechua. Eso sorprendió a Vlado.

—¿Cómo es eso, Quispe? ¿Tienen alguna máquina que traduce simultáneamente su idioma a otros? —preguntó.

—No conozco eso, señor —respondió.

Vlado se acercó a ella demostrando su interés por todo aquello que estaba observando. La extraña visitante le habló, esta vez ya no en quechua, de los adelantos que su civilización Apu había logrado «gracias al estudio y al trabajo». Vlado escuchaba atentamente y cuando aquella mujer mencionó los términos «desintegración» e «integración» Vlado la interrumpió diciendo:

—¿Qué es desintegración e integración?

La extraña optó por responderle con una demostración y le dijo:

—Sí, amigo, lo haré con mucho agrado. Mira aquellas ovejas y cabras que están pastando allá en la pampa.

Un perro perseguía a las cuculíes que volaban al ras del suelo dirigiéndose hacia el rebaño. El perro intentaba alcanzarlos en pleno vuelo cuando súbitamente las ovejas y las cabras desaparecieron y en su lugar hicieron su aparición arbustos con diversas flores. Al ver esa escena, los campesinos, sorprendidos, se arrodillaron y se inclinaron en señal de veneración, como si estuvieran en una misa. Entonces la extraña visitante dijo a Vlado:

—¿Qué es lo que estás viendo en la pampa, amigo?

—Veo todo lo que quieres que vea: un perro persiguiendo a varias aves y cantidades de flores que tú acabas de «sembrar» para nosotros, hipnotizándonos —respondió él.

—¿Quieres que volvamos a convertir las flores en cabras y ovejas?

—Conviértelas en palomas —respondió Vlado, burlonamente.

La mujer se puso de pie, extendió las manos horizontalmente y de pronto ese sector se llenó de palomas. Los perros comenzaron a ladrar y corrieron para perseguirlas. Vlado estaba estupefacto. Aquello no era una sugestión o hipnotismo pues hasta los perros veían a las palomas. Vlado comenzó a sentir temor ante este insólito hecho. En ese momento, la extraña mujer extendió sus manos y aparecieron las ovejas y cabras de antes. Los campesinos se levantaron persignándose y comentando entre ellos, en su idioma, todo lo que habían visto. Entonces, un niño se acercó a Vlado y le dijo algo en quechua. Él no le entendió.

—Quiere que vuelvan las palomas otra vez —dijo Quispe.

Eso alivió la tensión que sentía Vlado.

Luego vino otro extraño y ambos invitaron a Vlado a subir a su nave. Él aceptó y se dirigieron hacia el aparato. Mientras caminaban Vlado se dio cuenta que cuando los extraños caminaban sobre las yerbas, estas no se doblaban. Así llegaron a la nave, que era como un pequeño avión, pero con alas plegables. Subieron por una pequeña escalera. Al interior había otra persona quien les invitó a sentarse. En ese momento Vlado sintió una agradable y sorpresiva sensación en el cuerpo:

—Estás desgravitado, amigo, tu peso ahora es de 80 gramos —dijo el extraño.

Debió pasar un tiempo para que Vlado se habituara al ambiente interno de aquel aparato. Cuando se sentía óptimo vio en la pared una pantalla que a manera de televisor o cine mostraba imágenes de hechos pasados. Al preguntar al respecto le dijeron que era algo así como una «pantalla del tiempo». Vlado, siempre desconfiado, creía que era un aparato de televisión más sofisticado. Entonces la mujer le dijo:

—¿Sabes?, ordena a la pantalla que reproduzca tu vida, verás si hay algo de cierto en eso.

Vlado obedeció y comenzó a pensar en escenas de su vida. Al hacerlo, en la pantalla aparecieron imágenes de su nacimiento, niñez, juventud, etc. También aparecieron escenas íntimas que solo él conocía. Asimismo, imágenes de hechos que él desconocía, como el destino de sus amigos desaparecidos en plena guerra. Eso le causó asombro y despertó mayor curiosidad por seguir viendo aquella pantalla, pero era ya una hora avanzada y debía retornar. Vlado agradeció la invitación a los extraños y se despidió de ellos.

El regreso fue pesado, pues llovía. En el trayecto Vlado conversó con Quispe.

—Me preocupa saber por qué están aquí. ¿Cuál es su intención y qué están buscando acá? —dijo Vlado.

—Todavía no se ha convencido usted que son extraterrestres, ¿verdad? —replicó Quispe.

—No, sinceramente aún no —respondió Vlado.

La denuncia

Al llegar a su destino y cuando estaba a solas, Vlado meditó acerca de esos seres y de lo que eran capaces de hacer. Todo era extraño y lo que más le asombraba era que muchas personas sabían de eso y no lo comunicaban a las autoridades. Lo mínimo que podría hacer cualquier persona responsable es poner en conocimiento de esos hechos a las autoridades. Por tal motivo Vlado se acercó a la comisaría de la ciudad de Huallanca. En esa dependencia policial halló al sargento encargado y le narró todo lo sucedido. El representante de la ley no solo no le dio crédito, sino que le trató como si fuera un alcohólico o un demente. Eso significó un golpe para Vlado.

Transcurrieron semanas y el sábado 4 de junio de 1960 nuevamente Vlado se dispuso a dar una de sus largas caminatas. Esta vez fue solo. Partió a las 5 de la mañana con dirección al nevado de Milwaqocha. Siendo las 10 de la mañana se hallaba en la cima de un cerro, sobre el Cañón del Pato. Allí descansó y se puso a observar las lejanías con sus prismáticos. Entonces, a mil metros de distancia, vio a la misma nave de la vez anterior. Caminó hacia allá y al llegar se encontró con la extraña mujer del encuentro pasado, quien estaba acompañada de otro ser. Ellos amablemente le recibieron y le invitaron a subir a la nave. En el interior Vlado comenzó a mirar la pantalla del tiempo y, para sorpresa suya, vio toda la escena de su ingreso a la comisaría, su relato al sargento, los comentarios irónicos de este a los demás policías, etc. Vlado se sintió descubierto y tuvo tanta vergüenza que no supo que decir. Luego reaccionó:

—Está bien, he intentado denunciarlos porque no sé quiénes son ustedes ni que están buscando en este lugar. Los denunciaría otra vez, pero de nada me valdría, solo provocaría las burlas de la gente...

La mujer, riéndose, dijo:

—Amigo mío, puedes gritar a todo el mundo y hablarle de nuestra presencia, pero nadie te creerá.

El otro extraño añadió:

—Estamos visitando todos los planetas y ayudamos a los que encontramos durante el viaje... Sabemos que nuestra visita sorprende a los terrestres, eso es natural. Los habitantes de otros planetas también se sorprenden cuando se encuentran con nosotros. Unos nos ven con tranquilidad, pero la mayoría se asusta. Muy pocos han comprendido que nosotros somos simples viajeros y que estamos investigando las dificultades de la vida espacial.

La conversación se prolongó y los extraños explicaron a Vlado acerca de la forma de vida en Apu. Dijeron que ellos se reproducían de dos maneras: por relaciones sexuales y por procreación artificial. Los nacidos según ese último procedimiento eran considerados hijos de todos, pues en Apu todos los habitantes eran como hermanos, parte de una gran familia. Era una sociedad igualitaria que vivía en paz y armonía...

El día concluyó y Vlado retornó a su centro de labores.

El terremoto

El domingo 21 de agosto de 1960 Vlado hizo una nueva excursión, esta vez acompañado de Quispe. Ese día se dirigieron por las faldas de los nevados de Champara y en esos lugares se encontraron nuevamente con los extraños. Vlado seguía pensando que ellos eran espías terrestres. Entonces uno de los extraños le explicó:

—Uno de los motivos de nuestras actuales frecuentes visitas es el positivar la mente de los hombres, para que mediten y solucionen sus problemas con la razón y no con la guerra.

Luego se situaron en la pantalla del tiempo y observaron diversas escenas del pasado. Después, los extraños le mostraron escenas de lo que ocurriría en el futuro. En la pantalla se vio al hombre descendiendo en la luna y surcando el espacio en grandes bases espaciales, asimismo se vieron más guerras. Las escenas continuaban cuando, de pronto, Vlado vio algo aterrador: un terremoto afectaba Ancash provocando el desprendimiento de un nevado y la formación de un inmenso aluvión que arrasaba con todo a su paso llegando a sepultar la ciudad de Yungay. Vlado, impresionado, preguntó:

—¿Se puede evitar esa catástrofe?

—Sí. Organizando una evacuación en la región; luego se tendría que fundir los nevados... —dijeron.

—¿Podrán ustedes impedir esa destrucción?

—En caso de encontrarnos acá cuando ocurra, sí. Lo hemos impedido varias veces, pero si estuviésemos en otro lugar del espacio, no estará a nuestro alcance. Los obstáculos para la vida existen en todas partes de universo. El planeta Apu también ha sufrido un sinnúmero de daños causados por fenómenos naturales...

Al retornar a Huallanca, Vlado no podía trabajar tranquilo. En su mente estaban grabadas las terribles imágenes del funesto terremoto; por ese motivo decidió ir a Yungay. El 25 de agosto, aprovechando un día libre, viajó a esa ciudad y se presentó a las oficinas de la persona más indicada: el juez Osorio. Allí, en una conversación privada, le narró todo lo que había visto. El juez le escuchó pacientemente. Luego se puso a pensar y finalmente le dijo:

—Escuche, amigo: entre el nevado de Huascarán y la ciudad de Yungay hay un cerro, y entre el cerro y el Huascarán hay una extensa quebrada. Si se derrumbaran cinco Huascarán no alcanzaría a llenarla y mucho menos arrasar la ciudad de Yungay. Me agradaría que se fuera a descansar y mañana regrese para ver lo que se podría hacer.

Vlado retornó a su lugar de alojamiento en esa ciudad.

Al día siguiente volvió a la oficina del juez Osorio y este solo atinó a decirle que debía acercarse a algún psiquiatra. Al oír esa respuesta, Vlado se sintió impotente y se marchó enojado.

La lluvia

Transcurrió el tiempo y se acercaba el fin del año. Durante semanas no había llovido y la sequía amenazaba a todo el Callejón de Huaylas.

El 6 de noviembre de 1960, Vlado y un trabajador de la compañía, llamado José, hicieron otra excursión. A mediodía llegaron a las cumbres y se pusieron a descansar. El calor era sofocante. En las semanas previas Vlado había tenido algunos encuentros con los extraños y en ellas se había dedicado básicamente a observar la «pantalla del tiempo», recogiendo muchas informaciones del pasado; pero en esta oportunidad cualquier encuentro con los extraños sería para buscar una solución a la falta de lluvias.

Los expedicionarios llegaron a una planicie. Allí aparecieron varios campesinos expresando sus lamentos por la falta de lluvias. Durante más de una hora, Vlado y José estuvieron dialogando con ellos. Los lugareños esperaban la llegada de los *taitas* («señores») del cielo. Tenían fe de que ellos les ayudarían. De pronto, como respondiendo al llamado de la gente, apareció la nave de los extraños. Descendió verticalmente y se posó cerca de ellos. Al verlo, los campesinos gritaron alegremente:

—¡Son ellos...! ¡Son ellos...! ¡Lluvia...!

A continuación, todos, adultos y niños, se arrodillaron en el suelo y empezaron a orar. De la nave descendieron tres personas. Vlado se mantuvo de pie sin arrodillarse y eso enojó a los campesinos. Ante esta situación, José, mortificado, le dijo:

—Si no nos dan lluvia, usted será culpable de lo que sufrirán nuestros sembríos y animales.

Entonces Vlado se disculpó y también se arrodilló. Una campesina de edad avanzada se acercó a los extraños y arrodillándose a sus pies exclamó:

—¡Lluvia! ¡Lluvia!

Era una escena como extraída de la Biblia. Uno de los extraños amablemente consoló a la anciana y la hizo sentar. Otro se alejó un poco, presionó un botón de su chaleco y se elevó hasta perderse en las alturas. Al poco tiempo, por encima de los nevados de la Cordillera Blanca aparecieron inmensas nubes que rápidamente cubrieron todo el cielo y no tardó en precipitarse la lluvia.

Cuando retornó el extraño que había volado, Vlado le preguntó:

—¿Por qué principiaste a hacer las nubes sobre los nevados?

—Hice eso para que los lugareños piensen que las nubes fueron producidas por los nevados y que nadie intervino en su formación. Hay que hacer las cosas tal como ellos creen que pueden ser.

La lluvia fue densa y duró desde las 13:00 hasta las 17:00 horas. En el pueblo toda la gente estaba contenta. Al ver eso, Vlado llegó a la conclusión de que todo eso no era hipnotismo y entonces se convenció de que aquellos seres tenían poderes extraordinarios.

En el mes de abril de 1961 Vlado Kapetanovich pasó a laborar en Lima y dejó Huallanca. Tiempo después aquellos extraños visitantes paulatinamente dejaron de aterrizar en esa zona de Ancash.

En el año 1963 asesinaron a John F. Kennedy y en el año 1969 el hombre puso sus pies en la luna. Esos acontecimientos Vlado los había visto en la «pantalla del tiempo». En el mes de mayo de 1970 un terremoto afectó al Perú, especialmente a Ancash, donde fallecieron más de 60 mil personas. La ciudad de Yungay fue totalmente sepultada. Esos sucesos hicieron que Vlado se convenciera, al fin, que había estado en contacto con extraterrestres y le hicieron cambiar. En el mes de octubre de 1973 dio su testimonio a la prensa de Lima. En esa oportunidad no le tacharon de insano mental y fue tratado con respeto. En aquellos años el Perú era gobernado por militares nacionalistas de izquierda presididos por el general Juan Velasco Alvarado. Los diarios estaban sometidos bajo «los parámetros de la revolución de las fuerzas armadas». ¿Por qué esos diarios dieron cabida al testimonio de contacto de Vlado? Tal vez porque su testimonio traía un mensaje socializante.

En años posteriores Vlado Kapetanovich publicó sus experiencias en su libro 170 horas con extraterrestres (23) y en otros más. Luego, y hasta los últimos días de su vida, difundió la filosofía aprendida de aquellos extraños visitantes, convirtiéndose de incrédulo en un contactado y en un seguidor de los apunianos.

El relato del ingeniero Vlado Kapetanovich es más amplio de lo presentado en este resumen, teniendo en cuenta que durante más de un año tuvo varios encuentros con esos seres del espacio. Él pudo haberse convertido en uno de los más grandes contactados de la historia si hubiera aportado alguna prueba; si en sus numerosas caminatas hubiese llevado una elemental máquina fotográfica. Todo quedó solo en testimonios. Temas como «la pantalla del tiempo», la desgravitación, la desintegración-integración, la biotransformación, etc., quedaron en el terreno de las conjeturas. Según la Teoría de la Distorsión de José Caravaca (9) estos fenómenos serían producto de una manipulación en nuestras mentes. Sin embargo, a mi entender estos «milagros» podrían ser posibles si existiera en el ambiente que nos rodea un banco de elementos e informaciones de los cuales se podría obtener datos para ponerlos en una «pantalla del tiempo» o para hacer aparecer un objeto de la nada o convertir un animal en otro. En el siglo pasado, Carl Jung nos hablaba del «inconsciente colectivo». En la actualidad hay físicos teóricos que nos dicen algo similar, pero con otras denominaciones (Campo A, el potencial cuántico o el campo unificado de información). Si eso existiera podrían ser posibles aquellos «milagros». En el futuro tendremos claridad sobre este asunto.

En el año 2010, un grupo de estudiosos del caso, asesorados por Julio Dongo Hernández, fue a la zona y pudo obtener testimonios de algunos lugareños que aún vivían, quienes corroboraron los relatos de Vlado Kapetanovich. Asimismo, unos expedicionarios franceses vieron que parte de los nevados de Champara recientemente habían desaparecido por acción del calentamiento global dejando ver unas ruinas de piedra. La existencia de esas ruinas había sido mencionada 50 años antes, durante los contactos de Vlado Kapetanovich con los apunianos.

De ser cierto todo lo que nos narra el ingeniero Kapetanovich, se puede deducir que aquellos visitantes estaban desarrollando alguna misión especial en esa zona de Ancash y que sus acciones filantrópicas eran para ganarse la confianza de los pobladores y garantizar el secreto de su presencia. Ellos dejaban enseñanzas morales, pero su tarea principal era otra, que desconocemos. Culminada su misión en aquellos desolados lugares se retiraron.

Entonces cubrió su cabeza con una capa transparente y voló como las aves.

LO QUE PROVOCÓ EL ENCENDER UNA LINTERNA (1963)

Sucedió en la finca Santa Teresa de la familia Moreno, situada a 3 km de la Villa de Trancas, en el norte de Tucumán, Argentina. La finca era apacible y lleno de sembríos que mantenían a la finca algo apartado de los vecinos.

El 21 de octubre de 1963 se hallaban en la finca el propietario Sr. Antonio Moreno, de 72 años de edad, su esposa Teresa Kairuz, sus tres hijas: Yolanda Moreno, de 30 años, Argentina Moreno, de 28 años, y Jolie Moreno, de 21 años Asimismo se hallaba la empleada doméstica Dora Martínez Guzmán, de 18 años, y tres niños de poca edad (hijos de las hermanas Moreno).

A las 21.30 h de la noche, la empleada doméstica Dora Martín Guzmán fue al encuentro de sus patrones diciendo que había un resplandor en el cielo, que sentía miedo y no deseaba lavar los platos. Ellos creyeron que la domestica exageraba y le dijeron que siendo una chica del campo debía ser mas serena. Ella insistió y dijo a sus patrones que algo estaba sucediendo cerca a las vías del Ferrocarril Belgrano, que pasaban a 250 m de la casa. El Sr. Moreno y su hija Yolanda se asomaron por la ventana y vieron que cerca de los terraplenes había algo. Era como un vehículo alargado, como un tren pequeño, cubierto de luces intensas. Alrededor de aquello un grupo de personas se movían, como si estuvieran realizando alguna tarea. Al ver eso, el Sr. Moreno y su hija pensaron que era una cuadrilla de obreros del ferrocarril o que había sucedido un accidente. No le prestaron mayor importancia.

Más tarde la empleada doméstica de nuevo ingresó diciendo que las luces eran mas intensas y que por temor deseaba dormir junto a ellos. Entonces Jolie decidió salir, acompañado de la temerosa empleada. Al hacerlo observaron que algo estaba ocurriendo en el ferrocarril. Regresaron con mayor temor. En ese momento, Yolanda decidió tomar las riendas y salió. Avanzó poco, lo suficiente como para ver que toda esa zona estaba bastante iluminada. Allí se veían siluetas de veinte o treinta personas haciendo algo. Regresó en silencio pensando que tal vez eran guerrilleros en plan de sabotaje. En aquellos días se iba a realizar maniobras militares en cierto lugar relativamente cercano y los cowboys iban a pasar por esa zona del ferrocarril. La intención de los subversivos sería colocar bombas en el ferrocarril. Yolanda regresó a la vivienda y encargó a su niño a Argentina. Luego cogió una linterna grande y un revolver Colt 38. Después, junto a Jolie y la empleada doméstica, salieron con la intención de acercarse a la vía férrea. En esta oportunidad decidieron salir por el patio, rumbo al camino de acceso a la finca. En ese lugar había un portón. Cruzaron el patio y observaron al frente, en plena oscuridad, una luz verdosa. Esa luz provenía de algún vehículo. De inmediato creyeron que se trataba del pick-up conducido por el peón Huanca, pero era raro, esa luminosidad se hallaba a 8 metros de ellas y parecía que flotaba y se balanceaba en el aire. En ese momento, Yolanda encendió la linterna y enfocó a ese «vehículo». Al hacerlo vieron que se trataba de un plato volador. Tenía diez metros de diámetro y tres metros de altura. Flotaba a 1,50 metros de altura. Tenía ventanas y una especie de cúpula. Inmediatamente de esa cúpula salió un potente rayo de luz de un metro de diámetro que los enceguecío, haciéndoles caer al suelo. Luego, el aparato volador se iluminó totalmente y comenzó a lanzar haces de luz violeta. Al instante una neblina blanca comenzó a envolver al aparato y se sintió un fuerte olor a azufre. Las mujeres, casi a ciegas, corrieron a casa. La empleada sentía ardor en el rostro y el brazo como si hubiera sufrido una quemadura, tal vez porque ella había estado delante de las dos hermanas. Al llegar, cerraron la puerta y lo aseguraron con muebles y objetos pesados. Luego escondieron a los niños y se quedaron quietos, en silencio, esperando algún ataque. Sin lugar a duda lo que había afuera eran platillos voladores. Dos estaban en la vía férrea unidos por una especie de tubo luminoso por donde caminaban y se movían varias «personas».

Los minutos se hicieron interminables. Más allá, por la vía férrea, los dos ovnis seguían iluminando a ese grupo de «personas» que seguían desplazándose de un lugar a otro. Al poco instante aparecieron de ese lugar tres discos voladores que comenzaron a distribuirse en la casa de la familia Moreno y en la de sus vecinos. Se les veía flotando a aproximadamente 6 m de altura. De cada disco partían «rayos de luz sólida» que rastreaban las casas y sus alrededores. Aquellos rayos tenían luces y parecían ser tubos luminosos. Las plantaciones, el galpón donde estaba el tractor, el granero y hasta el gallinero fueron «inspeccionados» por esas luces. La familia Moreno lo observaba todo desde sus ventanas. No tardó en desatarse un ataque de pánico. El Sr. Moreno quería salir a enfrentarse a los desconocidos y sus hijas le detenían. La Sra. Moreno rezaba, la doméstica lloraba y las hermanas corrían desesperadas de una habitación a otra temiendo que sus hijos sean secuestrados. La Sra. Argentina gritaba:

—Me van a llevar los marcianos al bebé [su hija Victoria].

Las luces iluminaron casi todas las habitaciones. Algunas luces eran rojizas. Al parecer, esas luces también provocaban sueño, pues los niños entraron en profundo sueño, así como los vecinos, los perros y hasta las gallinas del corral (trescientos en total).

En todo el ambiente se sentía un intenso calor y, pese a ello, los niños no dejaban de dormir y sudaban profusamente.

El ovni que permanecía flotando sobre la huerta emitía destellos que eran contestados por otros haces de luz que provenían desde el terraplén del ferrocarril. En total había seis platillos voladores, uno en el portón, dos en la vía férrea y tres rastreando la finca. En un momento dado, Jolie salió al patio trasero de la casa. Allí estaba un haz de luz. Ella se arriesgó y metió su brazo en esa luz. Al instante la luz se recogió.

Luego de 40 minutos de su aparición, el ovni que se hallaba sobre el portón se elevó y tomó rumbo hacia la sierra de Medina, mientras que los demás discos ascendían del terraplén y le seguían, como una escuadrilla en forma de «V». En ese momento, un disco más se elevó desde la parte posterior de la finca. Nadie había visto a ese disco volador. Abajo quedó una espesa niebla blanquecina que permaneció durante un tiempo más. En ese momento la temperatura del ambiente descendió hasta llegar a la temperatura habitual.

La pesadilla había terminado.

⁓ ⁓

El suceso fue de conocimiento público. Los investigadores que llegaron pudieron enterarse de que la intensa luminosidad en el lugar de los hechos también había sido visto por siguientes vecinos: Sr. José Acosta, la familia Huanca y el Sr. Francisco Tropiano, quien vivía a 2 km del lugar. El Sr. Acosta y el Sr. Huanca también escucharon los gritos de la familia, pero no salieron porque sintieron temor. Asimismo, se recogió el testimonio de la Dra. Rene Vera de Kairuz, quien siendo las 23 horas iba por el camino que va de la finca hasta Trancas. En tal circunstancia vio el paso de un grupo de ovnis desde el oeste hacia el este. Por otro lado, por el lugar de la sierra, por donde desaparecieron los ovnis, quedó un resplandor que se logró ver durante una hora y media.

En el fondo de la casa de la familia Moreno hallaron que la zona sembrada de lechugas y alverjas estaba totalmente quemada. Al año siguiente intentaron sembrar en ese lugar pero fue inútil, pues las vegetaciones no crecieron. Durante tres años duró ese fenómeno. Asimismo, en la entrada de la finca y en la vía férrea hallaron bolitas de un centímetro de diámetro de color blanco, como si fueran naftalinas. El ingeniero José Guillermo Gonzalo Tell, del Instituto de Ingeniería Química de la Universidad Nacional de Tucumán llevó muestras y determinó la siguiente composición: 96 % de carbonato de calcio y 4 % de carbonato de potasio. Es decir, calcio en estado casi puro. Eso es difícil de obtener en forma natural. También hallaron bolitas de magnesio puro.

Este caso fue publicado en el mismo año en el diario La Gaceta de Tucumán, *gracias a las investigaciones de los periodistas Arturo Álvarez Sosa y Ventura Murga. Un año más tarde fue investigado por el capitán de fragata Omar R. Pagani, en representación de la Marina Argentina, y siete años después por Oscar Galíndez (14). En los años siguientes varios libros de temática ufológica lo han mencionado y fue considerado como uno de los casos más creíbles de Argentina. El único investigador que ha discrepado de estas conclusiones fue Roberto Banch, quien luego de sus indagaciones planteó que todo este fenómeno había sido producto de unos ejercicios militares del ejército argentino. Efectivamente, en esos días hubo ejercicios militares en toda esa zona. Sin embargo, entre otras cosas, hay un detalle que va en contra de esa explicación: en la finca había cinco perros bravos. Dos de ellos eran de raza doberman. Estos animales, antes del extraño evento, aullaron fuertemente. Durante el evento, que duró 45 minutos, permanecieron en total silencio. El ejército no hubiera sido capaz de adormecer a esos canes.*

Este caso también tuvo repercusiones en el cine. Steven Spielberg siempre había anhelado hacer una película acerca de los ovnis. Cuando estuvo en sus posibilidades contrató a Allen Hynek, el mejor ufólogo de aquel entonces, para que le asesore en el guion, etc. Este astrónomo e investigador escogió los más importantes casos ufológicos del mundo para incluirlo en la película. Uno de esos casos fue el de la familia Moreno en Trancas. El título de la película fue Encuentros cercanos del tercer tipo *y se estrenó en el año 1977.*

Este caso nos permite reflexionar todo lo que puede provocar una de nuestras linternas. Es de suponer que los alienígenas creen que somos agresivos por naturaleza y que andamos siempre armados, como en los tiempos del lejano oeste. Entonces hasta una inofensiva linterna puede ser sospechosa de ser una poderosa arma de rayos láser o cosas por el estilo.

En este caso, la reacción de ellos fue grande y prácticamente tomaron toda la zona con sus discos auxiliares, realizando un rastreo que felizmente no produjo víctimas.

Al parecer el ovni situado en la vía férrea había tenido algún inconveniente técnico y la otra nave había llegado para auxiliarlo, o tal vez estaba realizando alguna misión. Otra tercera nave se situó cerca a la entrada de la casa de la familia Moreno para vigilar. Otra en la parte posterior.

Al encenderse la linterna, rápidamente el ovni reaccionó respondiendo con un haz de luz potente y luego, el propio ovni se envolvió en un manto protector. Después emergieron los discos auxiliares de rastreo.

Jolie se arriesgó y decidió meter su brazo en aquel «tubo de luz». Al instante esa luz «se recogió».

COMO PARTE DE UN PAQUETE TURÍSTICO (1965)

Era el viernes 20 de agosto de 1965 en Cuzco. El tibio sol irradiaba, esplendoroso, aquel cielo azul serrano. La Plaza de Armas de la ciudad imperial lucía más tranquila. Los agitados días de junio, Fiesta del Inti Raymi, y julio, Fiestas Patrias, ya habían pasado.

Las vacaciones escolares de medio año habían llegado a su fin y por tal motivo se habían retirado las numerosas delegaciones de escolares llegados de diferentes zonas del Perú para realizar el soñado viaje de promoción como un premio por haber culminado los estudios secundarios. La Plaza de Armas lucía sin el bullicio juvenil ni los ómnibus escolares pernoctando allí.

La mañana era tranquila y algunos turistas se disponían a recorrer la ciudad y sus alrededores. Otros ya habían partido, muy de mañana, hasta la Machu Picchu, el Valle Sagrado de los Incas y otros lugares más distantes.

A media mañana, varios grupos se disponían a visitar la Fortaleza de Sacsayhuaman. En buses, taxis o simplemente caminando, los visitantes recorrían algo más de un kilómetro por el lado norte de la ciudad hasta llegar a una cumbre. Más allá se hallaba una planicie y a un costado de ese lugar emergía la Fortaleza de Sacsayhuaman. Esta edificación lucía imponente mostrando sus colosales piedras distribuidas geométricamente.

El clima era agradable. En la verde planicie había una pastora vistiendo un traje típico acompañado de una llama. Muchos se acercaban para fotografiarse junto a ella. Otros subían algunos escalones de la fortaleza y se situaban en las terrazas de las partes superiores para tener una especial visión del panorama y realizar las fotografías respectivas. Algunos se dirigían a la cumbre, donde podían ver toda la ciudad del Cuzco, situada 200 metros más abajo.

Era un día ordinario como cualquier día no festivo. Unos caminaban por el terreno, otros sentados conversaban. De pronto, siendo las 11 de la mañana, en una terraza de la fortaleza aterrizó un pequeño disco volador. Su llegada fue súbita. Era de un color plateado intenso y medía alrededor de 1,50 m de diámetro. Inmediatamente salieron de ese aparato dos pequeños seres de forma extraña y de aspecto reluciente. Tenían una especie de boca con apertura vertical y ojos luminosos. Varias personas, paralizados, presenciaron el hecho. Al darse cuenta de la presencia del público, los pequeños seres rápidamente se voltearon y regresaron al disco, el cual se elevó al instante y desapareció con dirección a las ruinas de Pisac, situado al oeste.

Entre los testigos de este suceso estaba el ingeniero Alberto Ugarte, su esposa y sus dos hijos. También estaba el Sr. Elwin Voter, director gerente de Publicidad Andes. De primera intención ellos callaron, pero al enterarse de que el día 22 de ese mes habían sido visto ovnis en Pisac, situado en el cercano Valle Sagrado, decidieron hablar.

Este caso fue publicado el 23 de agosto de 1965 en el diario La Prensa *de Lima. Ese mismo día también fue publicado en* La Razón *de Buenos Aires y el 24 de agosto de 1965 en el diario* Noticias Populares *de São Paulo. Asimismo, el periódico francés* La Meridional *lo publicó el 24 de agosto de 1965 basándose en el despacho de la Agencia France-Presse. En el año 1967, Gordon Creighton y Coral Lorenzen lo dieron a conocer en el libro* Los humanoides *(21) y en el año 1972 el francés Jacques Valle lo mencionó en su libro* Pasaporte a Magonia *(35).*

Este inusual caso nos permite comparar, a manera de analogía, lo que sucede cuando un ave exótica llega a un lugar público y al verse rodeado de personas emprende rápido vuelo.

Lo increíble de este suceso es que ocurriera en plena luz del día. Otro aspecto fantástico es el tamaño de la nave. Si los testigos calcularon bien, la nave tenía un metro y medio de diámetro. De ser así imaginemos lo pequeño que habrían sido sus tripulantes. Eso es increíble, pero hay algunos casos registrados en otros países de diminutos platillos voladores y humanoides minúsculos.

A cien años de su descubrimiento para el mundo, Machu Picchu es admirado por sus ruinas y su paisaje, pero no precisamente por ser una zona caliente en materia de ovnis. La presencia ovni en aquel lugar no difiere de otras zonas del Perú.

La noche del 25 al 26 de enero de 1971, un grupo de turistas procedentes de diferentes países que, frente a una fogata, cantaban en el mismo Machu Picchu, pudieron ver un magnífico espectáculo ovni en lo alto del cielo. Durante diez minutos observaron un despliegue de diversas formas y colores en el cielo. Pero, seamos sinceros, sucesos como este son raros. Por tal motivo, si hay turistas que viajan al Cuzco con la intención de tener avistamientos ovni o algún contacto con extraterrestres se equivocan. Podrán ver la majestuosidad de los muros incas, los grandes bloques de piedra de decenas de toneladas misteriosamente trabajadas y trasladadas para las edificaciones, los emocionantes caminos incas, etc., pero más, no. Si tienen suerte de ver algo no terrestre, es seguro que no es parte del paquete turístico.

En una terraza del Sacsayhuaman se posó un disco volador. De esa nave salieron dos pequeños seres.

LA BLANCA NIEVE Y LOS ENANOS
(1965)

Huancavelica es una accidentada región andina situada en el sur del Perú. En décadas pasadas, en sus vertientes más altas había algunos nevados y lagos. En años recientes, el calentamiento global hizo desaparecer estas formaciones de la naturaleza.

Hace más de cincuenta años, en los profundos valles de Huancavelica se desarrollaba la milenaria agricultura. En las laderas también había sembríos alternados con pequeña ganadería. Más arriba, en las alturas, también había ganados, pero era la minería la que paulatinamente se imponía.

En una de aquellas apartadas y altas zonas se la sierra se hallaba un pequeño poblado denominado Santa Bárbara y cerca había un pequeño lago llamado Caulacocha. El pueblo tenía una pequeña iglesia. A lo lejos se hallaba la antigua mina Santa Bárbara, cuyo origen se remontaba a la época del coloniaje.

Si no fuera por el frío y la altura, aquella zona sería un pintoresco lugar, sobre todo cuando, a veces, la nieve vestía con su blanco manto todos los pastos y los caminos.

En Santa Bárbara vivía Sebastián Mancha, gobernador y máxima autoridad de esa aldea. Él, por su cargo, llegaba a ser la autoridad política, judicial, educativa, etc., y hasta era consejero de sus pobladores. Era, pues, un vigilante de cuanto sucedía en ese rincón de los Andes.

El domingo 5 de septiembre de 1965, el Sr. Mancha salió de su recinto a hacer uno de sus habituales recorridos por la zona. Era la 5.00 am y amanecía, dejando ver el blanco fulgor de la nieve y el oscuro cielo recibiendo los primeros rayos del sol. Todo era tranquilo y silencioso, pero el frío arreciaba. De pronto, el Sr. Mancha vio a cierta distancia dos figuras que paseaban por la nieve, cerca a la orilla del lago Caulacocha. A la distancia parecían niños, pero sus movimientos eran diferentes. El Sr. Mancha observó mejor y se dio cuenta de que eran dos extraños seres, de 80 cm de estatura, que caminaban sin mostrar el menor signo de frío. Era una magnífica experiencia visual de dos siluetas oscuras moviéndose en la blanca nieve, como si fuera una escena extraída del cuento de Blancanieves y los enanos.

Durante dos minutos el Sr. Mancha pudo observarlos silenciosamente. De pronto esos seres al parecer se dieron cuenta de que habían sido descubiertos, pues rápidamente se dirigieron a una zona donde se hallaba un típico platillo volador. Ingresaron al aparato y este al instante se elevó. Al perderse en el cielo se escuchó un ruido sordo e intenso, como si fuera un trueno.

El Sr. Mancha, sorprendido, se acercó a la zona y pudo ver las huellas dejadas por el aparato en la nieve.

Esa misma noche y durante dos horas, muchos pobladores de Huancavelica vieron a dos discos voladores sobrevolando toda la región.

Al amanecer, el Sr. Mancha informó a sus superiores lo ocurrido y el caso llegó a oídos de la prensa. La agencia Reuters hizo el despacho y el 13 de septiembre de 1965 lo publicó el diario Última Hora *de Buenos Aires y* Noticias Populares *de São Paulo; lo mismo hizo el diario* Crónica Matutina *de Buenos Aires el 14 de septiembre.*

En el año 1966, Gordon Creighton publicó este caso en su resumen Los humanoides *(21) de la revista* FSR, *Vol. 2, Año 1966. En el año 1967, Coral y Jim Lorenzen lo publicaron en el libro* Flying Saucer Ocuppants *(20). En el año 1972, Jacques Valle lo mencionó en su libro* Pasaporte a Magonia *(35).*

Este caso nos revela que los alienígenas se mueven como peces en el agua en las zonas más inhóspitas de nuestro planeta, llámense desiertos calurosos, zonas volcánicas, bosques selváticos o fríos nevados.

Hoy, debido al cambio climático, los nevados van formando parte de pasado de Los Andes y experiencias como la del Sr. Mancha tal vez no puedan repetirse.

En la blanca nieve, cerca al lago, dos pequeños seres de 80 cm caminaban.

LOS PEQUEÑOS CÍCLOPES
(1965)

Era el 30 de agosto de 1965, día festivo de Santa Rosa de Lima, patrona de los policías y de las enfermeras del Perú. Por la autopista Panamericana Sur viajaban tranquilamente dos personas en un vehículo. Luego, en cierto tramo, voltearon a la izquierda rumbo a Arequipa. Se hallaban a 20 km de esa ciudad cuando súbitamente vieron a un costado de la vía a un pequeño ser. Tenía alrededor de 80 cm de altura. Era de color negruzco y tenía un solo ojo. Los viajeros sintieron temor y no se detuvieron. A los pocos segundos un platillo volador pasó sobre el vehículo y velozmente se perdió en las alturas.

Arequipa es una importante ciudad del sur del Perú caracterizada por su volcán El Misti. Las serranías de esa ciudad limitan con Puno. En aquellos lugares reina el frío y los pastos de la puna sirven como alimento a diversos auquénidos andinos, sobresaliendo por su pelaje la esbelta vicuña.

La ciudad de Puno está junto al Lago Titicaca, el lago sagrado de los incas.

La noche del 8 de septiembre de 1965, en una casa de la calle Acora, en Puno, un niño de 7 años de edad jugaba desafiando al frío, cosa no usual porque en lugares de altura, como Puno, el frío obliga a sus pobladores a cobijarse a tempranas horas de la noche.

El niño se hallaba en el patio de su vivienda cuando de pronto vio, en la penumbra, a ocho seres de 80 cm de altura y que tenían un solo ojo. Inmediatamente fue a llamar a sus familiares. Cuando llegaron ellos solo pudieron ver una intensa luz que se elevaba rápidamente, perdiéndose en la inmensidad del cielo. Casi a la misma hora, en los suburbios contiguos a Juliaca y Pomata, en la misma región, el Sr. Jorge Chávez, un conocido cronista deportivo, conducía su vehículo llevando a su familia cuando vio posarse suavemente en la carretera a un objeto volador. El Sr. Chávez trató de acercarse, pero el objeto inmediatamente se elevó y desapareció velozmente en el cielo.

Muchos encuentros insólitos tienen los choferes en la sierra. Ellos, por naturaleza, son fuertes y son capaces de sortear cualquier insólita e inesperada aparición. Lo hacen para salvaguardar su vida, la de sus pasajeros y cuidar la integridad del vehículo. Algo similar ocurrió a Julio López Romaña y Antonio Chávez Bedoya, quienes conducían su automóvil desde el valle del Tambo hasta Arequipa. Era aproximadamente las 7 de la noche del 29 de septiembre de 1965, cuando súbitamente estuvieron a punto de atropellar a un misterioso ser que estaba en la carretera. El extraño medía 80 cm de altura y solo tenía un ojo. Su cuerpo era de color negro y estaba envuelto en una especie de tiras plateadas y doradas. El automóvil pasó de largo y al poco tiempo apareció un ovni que se puso a volar sobre el automóvil durante cierto tiempo y luego se marchó. Minutos después, a 20 km de distancia, varias personas vieron a un ovni que volaba a baja altura.

Estos casos fueron publicados por el diario limeño La Prensa *el 31 de agosto de 1965 y* La Crónica *de Buenos Aires el 31 de agosto del mismo año. Asimismo, Mr. Donald Hanlon envió el 23 de noviembre de 1965 a la revista* Flying Saucers Review (FSR) *un informe titulado «Lista de algunos recientes aterrizajes peruanos» (16) donde incluyó los casos narrados. En años posteriores estos casos han sido publicados en los libros* Los humanoides *(21) de Gordon Creighton y Coral Lorenzen, en el año 1967, y* Pasaporte a Magonia *(35) de Jacques Valle, en el año 1972. Estas publicaciones no hacen más que confirmar que en el Perú y en países vecinos en el año 1965 hubo una oleada ovni que tuvo su máximo nivel en los meses de agosto y septiembre.*

Estos casos narrados donde se vieron pequeños cíclopes nos permiten suponer que se trataba de una misma tripulación que fue vista en diferentes días y en lugares relativamente contiguos, como Arequipa y Puno. Se supone que estos seres estuvieron en esta región andina durante unas semanas cumpliendo alguna misión y luego se retiraron.

Aparte de los casos narrados (en Cuzco, Huancavelica, etc.) hubo otros en el año 1965, no necesariamente de cíclopes, como los sucedidos el 1 de agosto y el 17 de mismo mes en Lima, el 1 de septiembre en Huánuco y el 12 de septiembre en Huancavelica.

Según las descripciones, los seres de estos casos tenían entre 80 y 90 cm de estatura y se movilizaban en naves voladoras.

En Puno, el 20 de septiembre de 1965 una pastora de Pichaca, situado al noroeste del Lago Titicaca, vio salir de un ovni a seis seres de 80 cm de tamaño que emitían sonidos como los graznidos de los patos.

Todos estos casos fueron publicados por los diarios de Lima generando una especie de «psicosis platillista» en un sector de la población, mientras que otros simple e irónicamente denominaron «marcianos» a esos pequeños humanoides.

En el año 1966 los casos no habían cesado. Según el diario de Barcelona El Noticiero Universal, *publicado el 8 de julio de 1966, en el pueblo de Chaclacayo, departamento de Lima, el 5 de julio de 1966 varias personas afirmaron haber visto a uno de estos «marcianos» caminando tranquilamente por las calles. Al hacerlo, dejaba un rastro luminoso sembrando el pánico entre los niños y adultos. Este hecho también fue mencionado en el libro* Pasaporte a Magonia *(35) de Jacques Valle.*

El pequeño humanoide se paseaba tranquilamente por las calles de Chaclacayo.

LOS «ÁNGELES DEL TURIMA» (1966)

Era el verano de 1966 en Colombia. El verano en ese país se caracteriza por su clima seco y se extiende desde medianos del mes de junio hasta septiembre.

En un ambiente tranquilo y silencioso se hallaban dos personas de extracción social y cultural diferentes. Era la amplia casa de Alex Mendoza, un hombre de negocios y mecenas de escritores, artistas y músicos de Sudamérica. Como vemos, este empresario, pese a la naturaleza de su ocupación y al hecho de estar casado con una norteamericana, apoyaba bastante a la cultura latinoamericana. No era raro que tuviera en su casa, como huéspedes, a intelectuales y estudiosos de diversos campos. Uno de esos huéspedes de honor era Joseph S. Hartman en aquel verano de 1966.

Las dos personas se hallaban sentadas en un ambiente silencioso y entre ellos había una grabadora. El entrevistador era Joseph S. Hartman y el entrevistado era Martín, un chamán y «extraño pastor solitario».

No había sido fácil lograr esa entrevista. Martin era una persona poco asequible. Para muchos era un brujo, para otros, un santo.

Se dio inicio a la grabación, Joseph aplastó el botón del aparato y comenzó a girar la cinta. Con micrófono en mano Joseph presentó a Martin diciendo que era un ermitaño y sabio andino. Era descendiente de los indígenas chibchas, específicamente de los muisas. Dijo que vivía en la aldea Xupan, en las montañas de Boyacá, departamento de Cundinamarca, Colombia. Es decir, en el ramal oriental de la Cordillera de los Andes. A continuación, mencionó el tema de la entrevista: «Los Ángeles de Turima». Turima era el bosque situado en las proximidades de la aldea de Martin. Allí se habían registrado supuestas apariciones de ángeles.

La primera pregunta buscó esclarecer quienes eran esos ángeles. Martin dijo que eran seres que venían del cielo. Luego Joseph le preguntó por qué les denominaba ángeles. Respondió porque volaban. Eso suponía que tenían alas dijo Joseph. El chamán respondió que no tenían alas, simplemente volaban al momento de marcharse.

Joseph estaba intrigado por la denominación de ángeles y creía que este concepto era una mezcla entre el cristianismo traído por los españoles y las creencias ancestrales de los indígenas. Tal vez existía de por medio el concepto de «ángel andino», un concepto propio y prehispánico.

Buscando saber mas acerca de esos ángeles, Joseph le preguntó cómo eran. El chamán indígena respondió diciendo de que eran un poco más bajos que la gente de su pueblo. Tenían ojos muy separados y sus vestidos eran brillantes.

Con esos datos la entrevista se ponía interesante. Al parecer esos ángeles no eran seres divinos o mágicos. Por tal motivo, Joseph preguntó donde vivían esos seres. El chamán contestó diciendo que tenían una casa ovalada y gigante rodeada de un halo luminoso. Esa casa era móvil; es decir, volaba y aterrizaba en el bosque. A continuación, afirmó haber tenido la oportunidad de entrar en esa casa «de sol y de luz».

Con esas respuestas no es difícil imaginarnos lo que sacó como conclusión Joseph.

La entrevista de Joseph S. Hartman fue publicada el 15 de febrero de 1967 en Barcelona en la revista Mia, N° 52, 1967. *Posteriormente, el pionero de la ufología española Antonio Ribera lo publicó en su libro* Platillos volantes en Iberoamérica y España *(30).*

En el mundo andino casi no existe el concepto de ángel. Lo más aproximado a ese concepto es el término «Apu», sobre todo en el Perú. Apu significa muchas cosas, entre ellos se refiere a montañas o cerros tutelares que pueden adoptar formas de aves. Ciertos sacerdotes andinos, denominados Alto Mesayoc (o Pampa Mesayoc), en determinadas ceremonias pueden contactarse con los apus buscando curaciones milagrosas, pedidos especiales o simplemente como oráculos. Se dice que, en ciertas ocasiones, los apus llegan a las ceremonias bajo la apariencia de aves y desarrollan un diálogo con los presentes.

Según Jesús Viscarra Fabre (37) en el Altiplano preincaico sí existía el concepto de ángeles andinos y se les llamaba «Taapakas».

Los «ángeles del Turima» del presente relato tienen relación con lo extraterrestre. Eso significaría que hay contactados indígenas en el mundo andino. En realidad, eso no es así, pues casi la totalidad de contactados son mestizos o blancos. Habría excepciones, como es el caso de Javier Pariapaza Pacoricona, un contactado aimara quien, en el presente siglo, lideraba un grupo en Puno y el Altiplano denominado «Amigos de la Hermandad Blanca del Espacio» y que refería tener contactos con seres del planeta Ramhsselt, de la constelación Can Mayor.

Los chamanes del hoy son los sacerdotes andinos del pasado. Algunos son verdaderos maestros espirituales andinos. En épocas antiguas esos sacerdotes habrían tenido contacto con seres del espacio. Los «dioses» o alienígenas ancestrales habrían usado a esos sacerdotes para vincularse con la población y ser aceptados. Por supuesto que esos dioses habrían tenido sus propios objetivos.

Según Luis Mostajo M. (22) en el Altiplano prehispánico los sacerdotes y sabios lograron identificar a los extraterrestres. Les denominaron «wara jaquenaka» («seres de las estrellas»).

ENFRENTÁNDOSE AL ABIGEO ALIENÍGENA (1967)

Uyuni es una zona andina de Bolivia situada a casi 4000 msnm. En décadas pasadas era un lugar apartado al cual solo se podía llegar luego de varias horas de caminata desde la ciudad más cercana. Estaba poblada de campesinos que no hablaban el castellano. Ellos se dedicaban a la ganadería de altura y también a la agricultura. Sus mujeres vestían abultadas polleras llevando a sus hijos en las espaldas.

Los pobladores de Uyuni en su mayoría eran analfabetos y no tenían acceso a los diarios, a la TV, etc. El pastoreo era una actividad bastante difundida. En esos lugares había corrales con muros de piedra de un metro de altura donde pernoctaban los ganados. Desde allí, a tempranas horas, los animales eran conducidos a zonas ricas de pasto y agua. Luego, en el atardecer, eran retornados.

Uyuni también era conocida por su inmenso salar, recurso que aún no era muy explotado.

En Uyuni vivía la Sra. Valentina P. Flores. Tenía 24 años de edad.

Era el mes de marzo de 1967. En esos días de Semana Santa el Sr. Gumersindo Torres, esposo de la Sra. Valentina, había sido designado para trabajar en la pampa; entonces la señora Valentina se quedó prácticamente sola para las tareas de pastoreo. En aquellas fechas sus actividades las hacía llevando en la espalda a su hija Teodosia, de apenas un año de edad. Su lugar de pastoreo se hallaba en Sibingani, situado a cierta distancia de Opoco, que a su vez estaba a una jornada de camino de Uyuni. En ese lugar se la veía con una manta en la espalda llevando allí a su hija a todas sus actividades.

El intruso depredador

Aquel día la tarde llegaba a su fin y el ganado consumía lo último de los verdes pastos pues era 6:00 pm, hora del retorno al corral. Entonces se producía un momento no grato, pues los animales querían seguir comiendo y los pastores se apuraban en arriarlos antes que la noche los sorprenda. En esa labor se hallaba la Sra. Valentina Flores. Ella reunió a todas sus ovejas, que sumaban algunas decenas, para llevarlas hasta su morada, situada en Sibingani. La tarea lo realizó, como de costumbre, recorriendo un kilómetro de distancia para llegar a su destino. Allí encerró a las ovejas en el corral. En ese momento se percató que una llama y su cría se habían perdido. Decidió ir en su búsqueda. Volvió a la zona de pastoreo y logró hallarlos. Luego inició el retorno de una hora y media. Era ya casi noche. Caminó sin detenerse. Su tarea llegaba a su fin, igual que todos los días, y pronto volvería a casa para cobijarse del frío y reunirse con su familia. Sin embargo, al llegar ocurrió algo inesperado: vio que en el lugar no estaban sus ovejas. De inmediato se puso a buscarlas. Guiado por las huellas llegó hasta un corral rodeado de un muro de piedras de 1,30 m de altura. Allí estarían sus ovejas, pero todo ese corral estaba cubierto por una especie de red de plástico. Se acercó sin titubeos y descubrió en el interior del corral a un pequeño hombre de 1,10 m de altura. Estaba de rodillas y tenía a una de sus ovejas entre las piernas. Miró alrededor y vio una escena macabra: sus 34 ovejas estaban muertas. Indudablemente aquel pequeño intruso era el causante.

Este hombre vestía un traje de color marrón claro de una sola pieza, semejante a un buzo, que le cubría desde el cuello hasta los pies. Calzaba botas de color café que llegaban casi hasta las rodillas. En la cabeza tenía una especie de casco ahumado. Su piel era blanca, sus cabellos eran rubios y sus ojos azules. En la espalda llevaba una bolsa que era sujetada por dos cinchas gruesas, claras y anchas, cruzadas en el pecho, como si fuera una mochila de ángulos relativamente marcados. En sus manos llevaba un instrumento semejante a un gran tubo, con un garfio en su extremidad. Con ese instrumento estaba matando a la oveja.

La señora, resuelta, se acercó con la convicción de que era un ladrón. Inmediatamente, la Sra. Valentina le increpó en idioma quechua y comenzó a lanzarle piedras. El pequeño hombre, que estaba arrodillado, se asombró al sentir las pedradas y se puso de pie. Luego se dirigió a un lado, donde había un pequeño aparato que era semejante a una caja sostenida en cuatro patas y que también tenía la apariencia de una radio de la época, con su mueble respectivo. Ese aparato tenía una especie de rueda. El ser giró la rueda y el aparato de inmediato absorbió toda la red que estaba tendida por encima del cercado. En ese momento, la Sra. Valentina vio afuera del corral a otro ser, de iguales características del intruso. Este corrió a una colina cercana y se elevó en el aire, como un pájaro.

El enfrentamiento

La Sra. Valentina tomó un palo y se acercó al corral para enfrentar al intruso que seguía adentro. Pese a tener a su hijo en la espalda, la señora avanzó resuelta. El pequeño ser al parecer solo pensó que la señora había cogido el palo para amenazarlo. No se movió. Ella se acercó a dos metros y el certero golpe llegó. Llegó al rostro del pequeño hombre, que comenzó a sangrar. Entonces este comenzó a gritar. No se sabía si decía algo o solo gemía de dolor. Mientras tanto, la señora no dejaba también de gritar con insultos y amenazas. Al ver la valiente actitud de la señora el pequeño ser hizo uso del tubo que poseía y lo lanzó varias veces sobre la señora. Con su mano derecha lanzaba el instrumento y este regresaba «por sí solo» a su mano, a manera de un búmeran. De esta manera provocó algunas heridas cortantes en los brazos y en el pecho de la señora. El nudo de la manta que estaba en parte del cuello y el tórax impidió que le provocara una herida mortal. La mujer andina no se dio por vencida y le golpeó con toda su fuerza dos veces más. Al parecer esos golpes partieron la muñeca derecha del pequeño hombre, pues comenzó a sangrar y la mano «se colgó». Entonces el humanoide se puso nervioso. De inmediato con la mano izquierda plegó su tubo, recogió aquel aparato semejante a una caja y un saco transparente donde se hallaban depositadas las vísceras de las ovejas sacrificadas. Luego accionó algo en la «mochila» que llevaba en la espalda y aparecieron dos gruesos tubos debajo de esa «mochila». Los tubos tocaron el suelo. Entonces, el pequeño ser comenzó a elevarse llevando en una mano el aparato cuadrado y en el otro, la bolsa con las vísceras. Al parecer esos «tubos» le permitieron volar. Al acelerarse su ascenso se oyó un ruido silbante y desapareció en la misma dirección en que había partido el otro ser.

La Sra. Valentina quedó impotente y con la rabia contenida al ver sus treinta y cuatro ovejas muertas. Solo la oveja que ese personaje tenía entre sus piernas se había salvado. Las ovejas liquidadas estaban desangradas y muchas sin órganos.

Denunciando a un abigeo ET

Esa misma noche, el Sr. Gregorio Córdova, primo del esposo de la Sra. Valentina, viajó a Uyuni para denunciar a la policía este caso de abigeato. Lo curioso es que no sabía a quién responsabilizar de este hecho. ¿A uno o dos pequeños ladrones? ¿Quiénes eran? ¿De dónde vinieron? ¿Dónde atraparlos?

La policía escuchó este inverosímil relato y no lo tomó en serio. Solo se dirigió a la zona de los hechos para constatar. Cosa diferente sucedió con el ejército boliviano, que desde el inicio tomó cartas en el asunto. En esos meses el ejército se hallaba en persecución de los guerrilleros del Che Guevara. Ese hecho no podría pasarse por alto. De inmediato llegaron al lugar investigando si había sido una acción de los guerrilleros. Buscaron armas de los subversivos, huellas, literaturas, etc. Nada eso hallaron, pero vieron a las ovejas muertas y los restos de sangre en el muro y el suelo. También vieron los dos o tres palos (ramas de árboles), de 30-40 cm de longitud, que los extraños abigeos habían usado para asegurar la red a los muros. Las ovejas estaban mutiladas de manera extraña. Tenían orificios perfectos. Lucían sin ojos ni sangre. Tampoco había las grasas del vientre. Los efectivos de ejército descartaron la autoría de guerrilleros y, pese al relato de la señora, en ningún momento se pusieron a sospechar de alienígenas. Tal es así que, al parecer, no informaron debidamente a sus instancias superiores sobre esos hallazgos. Al final nadie se responsabilizó de las muertes y la familia de la Sra. Valentina quedó casi en ruina económica. Tuvieron que emigrar a las minas de Oruro para emplearse como obreros. Posteriormente se radicaron en el sur de Bolivia.

Este caso llegó a oídos de Enrique Miralles, director del diario La Patria *de Oruro. En su reporte, este periodista destacó lo raro de este caso de abigeato. Posteriormente, cuando los ufólogos conocieron este suceso recién se habló de alienígenas. Entonces fue publicado por Henry Durrant en su obra titulada* Premières Enquêtes sur les Humanoides Extraterrestres (12). *También fue reportado por Oscar A. Galíndez en la revista* FSR, *julio-agosto, 1970 (13). Años después fue investigado* in situ *por el periodista y ufólogo Juan José Benítez, quien lo publicó en su libro* El hombre que susurraba a los umitas (6).

A manera de comentario es de destacar la magnitud del daño a los animales que podría causar un solo alienígena o dos. ¿Y si hubieran sido varios?

Con respecto a la valiente actitud de la Sra. Valentina Flores no es de extrañar. Por ejemplo, en las zonas andinas del Perú el abigeato genera todo el repudio de los hombres del campo y ellos son capaces de todo para combatir y castigar, incluso con la muerte, a todo aquel que roba o mata a sus animales, llámense vulgar ladrón, guerrillero, aventurero o... alienígena.

Si la Sra. Valentina, en la lucha uno a uno, logró causar cierto daño al alienígena y lo obligó a huir no es difícil imaginarse lo que hubiera hecho un mayor número de campesinos. Tal vez hubieran atrapado al intruso. ¿Qué hacen ellos al atrapar a un abigeo? Si el acto delictivo es leve lo amonestan públicamente, si es mayor lo azotan en público y en casos extremos lo matan a golpes o lo queman. Ellos no confían en la justicia de las autoridades y actúan sin contemplaciones contra los que roban o matan a sus animales.

La Sra. Valentina tomó un palo y se enfrentó al pequeño intruso.

Y EL CAMIÓN LOS AHUYENTÓ
(1968)

Alejandro G. Reyes, de 29 años, era un camionero que vivía en Curicó, Chile.

Era el día lunes 25 de noviembre de 1968 y atardecía. Alejandro salió en busca de su esposa. Manejando su bicicleta recorrió unos sesenta metros. La calle era polvorienta y en breve tiempo ya estaba en la periferia del pueblo. De pronto vio algo en el cielo. Era una nave que descendía de una manera diferente. No hacía ruido. Aceleraba y frenaba alternadamente. Su apariencia era como una lenteja. Al llegar a cincuenta metros del suelo se detuvo. En ese momento se le pudo observar mejor. Parecía dos platos, unidos por los bordes. En la parte superior tenía una cúpula y encima llevaba algo semejante a una antena que terminaba en una «Y». Alejandro sintió temor y se escondió detrás de un árbol. Desde allí miró buscando no perderse ningún detalle. La nave descendió y se posó en cuatro patas que medían alrededor de un metro. La nave tenía algo menos de dos metros de altura, su diámetro era similar. Brillaba con un blanco mate, como si fuera de aluminio. Poseía una ventana y una puerta en forma de medialuna.

Alejandro observaba, asombrado, toda esa escena a unos setenta metros de distancia. De pronto salieron de la nave tres hombrecitos. Tenían alrededor de 80 cm de altura. A parte de aquella talla corta, la apariencia de esos hombres era igual a nosotros, solo que se les veía algo gordos. Vestían trajes enteros, semejante a mamelucos, de color oscuro. Uno de ellos se aproximó a un poste de luz. Al hacerlo se apagó la bombilla de luz. Al alejarse nuevamente volvió la luz. Otro se agachó y escarbó con las manos el suelo tomando un puñado de tierra en sus manos. El tercero llevaba un instrumento semejante a un fusil y se puso a caminar alrededor de la nave. A través de la puerta de la nave se podía ver a otro ser. En esos momentos se escuchó el áspero ruido del motor de un camión que se acercaba por la carretera. De inmediato los tres hombrecitos se introdujeron en la nave. El tercero tuvo problemas para subir e ingresar. Al final logró su propósito. La nave basculó al igual que la hoja de un árbol al caer. Luego salió disparado, pero sin hacer el menor ruido.

Toda la experiencia había durado unos cinco minutos.

—⁓— —⁓—

La agencia EFE difundió este caso desde Chile el 4 de diciembre de 1968. El día jueves 5 de diciembre fue publicado en el diario ABC *de Madrid.*

En años recientes Juan José Benítez entrevistó al testigo y lo publicó en su libro Solo para tus ojos *(7).*

No es el único caso en que, en Los Andes, un camión hace huir a los alienígenas.

LA EXTRAÑA INTOXICACIÓN
(1973)

Jorge Roberto Herrera era un joven técnico industrial de 23 años de edad que estudiaba ingeniería en la ciudad de Córdoba, Argentina.

El 13 de marzo de 1973, Jorge se hallaba caminando en la ruta que une Salta con Jujuy. Era mediodía y se encontraba a 20 km de la capital de Salta. Su intención era llegar a la estación de servicio, situada a 5 km de distancia, donde pensaba almorzar.

El día era tranquilo y soleado. Por la carretera circulaban pocos vehículos y alrededor de la vía abundaban cañaverales y otras plantas. Jorge caminaba por el costado izquierdo de la carretera llevando en mano un bolso negro. Se hallaba tranquilo y se sentía bien, tan bien que ese día no había tomado un medicamento indicado por los médicos del Policlínico de Salta cuando el día 11 de marzo había acudido a ese nosocomio por tener vómitos y deposiciones con sangre. Ese día los médicos le habían diagnosticado hemorragia digestiva que al parecer no era grave, razón por la cual no le habían hospitalizado.

Era las 11.30 de aquella mañana y Jorge seguía caminando sin apremios cuando, de pronto, tuvo una rara sensación e inmediatamente volteó. Al hacerlo, a 20 metros de él, vio algo que desde una altura de 10 metros del suelo descendía balanceándose como lo hace una hoja movida por el viento. Al llegar a un metro del suelo bajó en forma recta y vertical y aterrizó justo entre el asfalto de la carretera y el campo. De primera intención Jorge creyó que era algún helicóptero o avioneta de la zona que viajaba desde Tucumán hasta Jujuy, pero al observarlo mejor cambió de opinión. Su aspecto era como de dos platos superpuestos de 5 metros de diámetro. Su estructura, cuando aterrizaba, era como de aluminio, pero una vez en el suelo su color se hizo como de cobre opaco. Al parecer el objeto no había aterrizado en un suelo parejo pues se le veía ligeramente inclinado a un costado. Al cabo de 3 minutos, de la base de la parte inclinada del aparato emergieron unas patas que corrigieron la inclinación del OVNI. Jorge miraba atento todo lo que acontecía. De pronto, a un costado del aparato vio aparecer una imagen antropomorfa. Era de color blanco. Tenía 1,60 m de altura. Vestía algo parecido a un buzo brillante, como hule. Su cuerpo era de constitución gruesa o tal vez estaba «inflado». Sus hombros eran anchos, su cabeza grande, cubierta con un casco con visor como de cristal espejado verdoso. Sus brazos parecían cortos y al parecer no tenía manos. Sus pies se veían grandes.

Esa figura, de apariencia casi fantasmal, miraba hacia los cañaverales como si buscara algo. Jorge seguía observando todo y para apreciar mejor decidió acercarse. Dejó su bolso en el suelo y sin temor caminó hacia la figura. Mientras lo hacía, esa figura comenzó a desplazarse sin mover las piernas ni caminar. Se desplazó un metro y súbitamente se detuvo. Luego desapareció, tan abruptamente como había aparecido. Jorge se quedó quieto, a quince metros del ovni, buscando alguna explicación a lo que estaba viendo. A pocos segundos, las patas del ovni se recogieron y el aparato volvió a mantenerse inclinado, luego se elevó y se perdió en lo alto del cielo. Jorge se quedó mirándolo hasta verlo desaparecer en el cielo. Toda la experiencia había durado casi cinco minutos. Luego, más tranquilo, decidió ir al lugar donde había estado posado el aparato. Caminó un paso y de pronto se vio parado en el lugar del aterrizaje. Había avanzado quince metros con un solo paso. Eso era increíble. Miró hacia su bolso, que seguía en el suelo a veinte metros de él. Luego miró al suelo y vio siete marcas en un área de forma cuadrada de 1,50 metros de lado. Esas marcas eran irregulares, sin orden alguno. El suelo parecía como si lo hubieran sopleteado. En ese momento Jorge comenzó a sentirse mal y decidió salir del lugar. Apenas cogió su bolso y caminó unos metros cuando, fortuitamente, apareció una camioneta conducida por un hombre de alrededor de 46 años de edad. Al detenerse, Jorge le preguntó si había visto al objeto volador. Él respondió que sí lo había visto, a un kilómetro de distancia, y que en el momento que lo vio el motor de su vehículo había dejado de funcionar, la radio hizo una descarga y también dejó de funcionar.

Jorge subió a la camioneta y como se sentía enfermo pidió al chofer que le llevara a la ciudad de Salta. El vehículo emprendió la marcha y a doscientos metros del lugar hallaron detenido a un automóvil Fiat 1500 con su chofer de pie, esperando el paso de algún vehículo. Le preguntaron qué le sucedía y él dijo que el motor de su vehículo había dejado de funcionar. Luego subió a su auto para hacer un nuevo intento y esta vez el vehículo sí arrancó. En el camino hallaron otro pick-up en igual situación.

El viaje continuó, pero Jorge comenzó a sentir mareos y náuseas. Al llegar a la ciudad le pidió al chofer que le dejara en el terminal de ómnibus. Bajó del vehículo y se dirigió al baño pues tenía deseos de vomitar. Luego, parcialmente repuesto, caminó doscientos cincuenta metros hasta llegar al Policlínico Güemes, donde dos días antes había sido atendido. Esta vez sus síntomas eran diferentes. Sentía dolor en todas las partes del cuerpo y en ninguna a la vez. Al llegar, el médico de guardia le examinó, le observó las pupilas y le indicó una inyección. Luego solicitó radiografías y varios análisis. Era las 12:30 del mediodía y Jorge fue colocado en una cama hospitalaria donde al poco instante se quedó dormido. A las 7 de la noche despertó y vio que vestía un pijama y que estaba recibiendo suero y sangre.

Al día siguiente le pasaron visita tres médicos portando su historia clínica. Le preguntaron si había bebido mucho. Él respondió que no bebía, tampoco fumaba, pero no convenció a los facultativos. Cada día le aplicaban seis inyecciones y tomaba cuatro pastillas. Al cabo de 8 días salió de alta sin saber a plenitud su diagnóstico. A nadie había narrado lo sucedido en aquella mañana cuando caminaba por la carretera.

Transcurrieron tres meses y al retornar a Córdoba se dirigió al Hospital de Clínicas donde fue sometido a un chequeo de rutina. Jorge se sentía bien pero el cardiólogo detectó que sus uñas estaban azuladas por lo que ordenó una serie de exámenes. El chequeo duró dos meses al cabo de los cuales los médicos no le dieron un diagnóstico exacto. Todo quedó como una extraña intoxicación.

Este caso fue estudiado por el ufólogo Dr. Oscar A. Galíndez y fue publicado en Buenos Aires en la revista Cuarta Dimensión, *N° 9, Mayo 1974 (15). Asimismo, fue publicado en el año 1980 por el ufólogo argentino Roberto E. Banchs en su libro* Los OVNIS y sus ocupantes *(3).*

En este caso hay varias cosas que comentar. Tal vez este avistamiento y «encuentro cercano» no hubiera tenido de extraordinario sino fuera por la presencia inesperada de ese supuesto ser antropomorfo.

El hombre llegó a la luna vestido de manera casi similar al ser que vio Jorge Roberto Herrera. Si hubiera existido algún selenita primitivo en nuestro satélite hubiera descrito al astronauta de Apolo XI como un ser robusto o «inflado», casi sin manos, desplazándose a saltos. Por esa razón, lo más probable es que aquel antropomorfo ser que vio Jorge era solo una apariencia debido a la indumentaria que llevaba.

¿Cómo apareció ese ser? Lo más probable es que haya sido mediante el teletransporte. Para producirse ese tipo de transporte se necesitaría el empleo de grandes fuerzas energéticas capaces de detener vehículos a kilómetros a la redonda y afectar a testigos como Jorge. Si no hubiera ocurrido ese teletransporte es probable que Jorge no hubiese sido afectado en su salud, ya venida a menos por los episodios de sangrado de días previos. Al parecer Jorge ya tenía algo de anemia cuando tuvo aquel encuentro cercano. Al acercarse al lugar del teletransporte fue afectado por la radiación existente.

El síndrome agudo de radiación se caracteriza por náuseas, vómitos y diarreas. Luego de un periodo de aparente mejoría comienzan otras manifestaciones más severas. Todo depende de la intensidad y del tipo de irradiación. En el caso de Jorge, los médicos desde el inicio sospecharon una intoxicación. Pensaron que al beber alcohol Jorge había agravado su hemorragia digestiva. Debieron hallar una seria anemia para transfundirle sangre en las primeras horas de su ingreso al policlínico. Al final de su chequeo el asunto de las uñas azules no fue aclarado.

No se puede ser categórico con las insuficientes informaciones que contamos. Al parecer Jorge no tuvo diarreas, pero eso no descarta la irradiación. Con respecto a las uñas azuladas, podría tratarse de una cianosis que compromete solo al lecho de las uñas y se debe a la poca oxigenación de la sangre. Eso es algo frecuente en el campo de la medicina. Sin embargo, si se certifica que en realidad las uñas tenían color azul podríamos pensar en una intoxicación por metales pesados, específicamente por depósitos de sales de plata en las uñas.

El hecho de haber caminado 15 metros sin saber cómo habría sido explicado por los médicos como parte de la intoxicación alcohólica.

En muchos encuentros con ovnis suceden fenómenos de «tiempo perdido», generalmente vinculados a abducciones. En el presente caso, Jorge no contaba con un reloj para corroborar el tiempo perdido y no parece haber sufrido una abducción porque la nave ya no estaba en el lugar cuando Jorge tuvo ese periodo de vacío. Por otra parte, la camio-

neta que venía a un kilómetro de distancia arrancó y recorrió ese trayecto en pocos minutos, tiempo suficiente para que Jorge caminara hasta el lugar del aterrizaje, inspeccionara y cogiera su bolso. Lo más probable es que Jorge haya caminado ese trecho en forma automática, es decir, en forma no consciente. Los automatismos pueden darse por diversas causas (físicas, orgánicas y psíquicas). Son actos casi sonambúlicos que tienen diversas explicaciones.

Lo cierto de todo este hecho es que Jorge llegó en mal estado al policlínico.

Moraleja: en lo posible, no acercarse a algún ovni que haya aterrizado.

HOMBRECITOS DE VEINTE CENTIMETROS (1973)

Sucedió en Ibagué, Tolima, Colombia.

Era el 10 de agosto de 1973 y un grupo de alumnos de la Escuela Normal local se hallaba de excursión en la quebrada de El Jordán, situado a pocos kilómetros de Ibagué. Su propósito era estudiar botánica.

El día era tranquilo y la exuberante naturaleza mostraba sus atributos. Los alumnos Medardo Martínez, Hipólito García, Hernán Manjarras y Mario Fernández Ramírez se hallaban sobre un puente. Desde allí se asomaron al río y ¡oh, sorpresa!: vieron abajo y ligeramente al frente a cuatro pequeños hombres. Tenían no más de 20 centímetros de altura. Vestían una especie de buzos de color blanco y pequeñas gorras grises en sus cabezas. Eran de apariencia totalmente humana, pero diminutos. Buscaban algo en el barro. Los niños se acercaron y esos hombrecitos al verse descubiertos se esfumaron en un instante. Los cuatro alumnos quedaron estáticos de miedo. Luego, al recuperarse, se acercaron y vieron huellas de marcas redondas y profundas. Eran catorce diminutas pisadas en las piedras.

Cuando los niños informaron de lo visto a sus profesores se supo que un policía también los había visto. Luego, ese policía presentó un informe a sus superiores.

⚬⚬⚬ ⚬⚬⚬

Este caso fue publicado por Rafael Barrero Cortes en la revista Cuarta Dimensión, Nº 23, 1975 *(4). Posteriormente, Gordon Creighton lo publicó en la revista* FSR 21, 5, año 1975 *(11). En años recientes Juan José Benítez lo presentó en su libro* Solo para tus ojos *(7).*

En la inmensa casuística ovni de todos los países hay casos de platillos voladores y humanoides de poco tamaño. Son pocos casos, pero los hay.

Cuando no se ven ovnis difícilmente se puede decir que esos seres de 20 cm eran extraterrestres. Su instantánea desaparición nos diría que

Eran cuatro diminutos hombres de 20 cm de altura y buscaban algo en el barro.

PARA MUESTRA BASTA UN BOTÓN
(1973)

Era el año 1973 en Sudamérica y en algunas de sus ciudades se daba inicio a las llamadas experiencias de contacto con los extraterrestres. Esas experiencias se caracterizaban por comprometer a pequeños grupos de personas, quienes de manera muy reservada «se comunicaban» mentalmente con supuestos seres del espacio. La explicación o el *modus operandi* de ese tipo de comunicaciones consistía en que una persona o un grupo de personas decidían recibir mensajes de los seres del espacio. Esas personas, por lo general, no eran superdotadas ni poseían cosas extraordinarias; simplemente eran personas que creían en el contacto y se disponían a ser parte de aquellas comunicaciones. Supuestamente todo el esfuerzo para lograr esas comunicaciones lo hacían los extraterrestres. Las comunicaciones eran telepáticas, con todas sus variantes.

Una de las personas dedicadas a esas prácticas era el ingeniero Enrique Castillo Rincón. Él había nacido en Costa Rica, pero era nacionalizado colombiano. Su interés en el tema había nacido a raíz de un avistamiento ovni que tuvo el año 1963 en su país natal.

En el mes de agosto de 1973 el grupo donde participaba el ingeniero Castillo Rincón había comenzado a recibir supuestos mensajes telepáticos de extraterrestres. Como era de suponer, el grupo solicitó a «ellos» un encuentro físico para corroborar el contacto. La respuesta llegó diciendo que la persona elegida era el ingeniero, quien el 3 de noviembre de 1973 debía acudir a 80 km al norte de Bogotá. Allí, en un lugar llamado La Calera, a las 8:00 pm se produciría el encuentro.

Llegó el día señalado y el ingeniero tomó un autobús que le dejó a unos kilómetros del lugar. Al retirarse el vehículo, el ingeniero comenzó a caminar rumbo al lugar señalado. Llegó a la zona antes de la hora indicada. Allí había una laguna y todo era tranquilo. El ingeniero se situó en un lugar idóneo y se puso a esperar. Llegó las 8:00 pm y nada ocurrió. Solo reinaba la oscuridad de la noche. Llegó las 8:30, luego las 9:00 y nada sucedía. Entonces el ingeniero se puso a pensar que todo había sido una fantasía, pero decidió esperar algo más. Llegó las 10:00 pm y al no ocurrir nada tomó la determinación de retirarse. Estaba por marcharse cuando oyó una fuerte explosión. Miró a su alrededor y vio que todo se había iluminado, como si fuera de día. Alzó la cabeza y vio arriba, a 300 m de altura, a dos naves por cuyos costados discurría agua. Esto significaba que habían emergido desde el fondo de la laguna. En ese momento el ambiente cambió bruscamente, de sereno, frío y oscuro a iluminado y caluroso. Las naves tenían forma de dos platos soperos, de 45-50 m de diámetro y 12 m de altura. Tenían una cúpula y en la base tres esferas blancas y grandes que giraban emitiendo luces de colores. Las naves lentamente se alejaron de la laguna y fueron apagando sus luces. Una de las naves se situó encima de un arroyo y lanzó dos rayos de luz anaranjados. Luego, por cada rayo, descendió una especie de óvalo o huevo, en cuyo interior había una persona. Al llegar al suelo cada persona salió de su óvalo y comenzó a caminar. Eran dos y tenían forma humana. Sus estaturas eran de 1,80 m. Vestían unos trajes gris plomo y botas color naranja. Sus cabezas estaban cubiertas de escafandras que dejaban ver sus ojos.

Los dos extraños se acercaron y le dijeron al ingeniero Castillo:

—Hermano, ya estamos aquí, no tengas miedo, somos tus amigos.

El ingeniero también les respondió amablemente y se produjo un breve diálogo, al cabo del cual los extraños invitaron al ingeniero a subir a su nave. Inmediatamente «ellos» subieron a la nave de la misma manera como habían descendido. Mientras tanto el ingeniero permaneció de pie. En ese momento, la nave se acercó y se situó encima de él. Luego emitió un rayo de luz. Al sentir el impacto de esa luz el ingeniero percibió como si le clavaran numerosos alfileres en el cuerpo. Después fue ascendido por ese rayo de luz, que era sólido como un vidrio.

De pronto el ingeniero se vio dentro de una sala que tenía una especie de humo en su interior. Ese ambiente era como una antesala. Luego ingresó al recinto principal donde cuatro seres le estaban esperando. El personaje que destacaba se hallaba sin escafandra y le recibió afectuosamente. Aquellos seres tenían pómulos ligeramente pronunciados, boca delgada casi sin labios y ojos ligeramente rasgados. Este personaje, que era como el anfitrión, le refirió que procedían de las Pléyades y luego comenzó a mostrarle diversos ambientes de la nave mientras hacia las explicaciones respectivas.

De esa manera se inició el contacto entre el ingeniero colombiano y aquellos seres de Las Pléyades. Hubo otros encuentros y largas conversaciones sobre diversos temas, tan variados que iban desde el concepto de Dios hasta temas técnicos. Ellos le explicaron que visitaban la Tierra desde épocas antiguas y que habían participado activamente en diversos pasajes narrados por la Biblia.

El ingeniero Castillo era experto en comunicaciones y no desaprovechó en preguntarles cosas de ese campo y otros. Los visitantes le dieron a entender que en la época actual estaban cumpliendo una misión de ayuda a nuestra civilización, pero no le encargaron al ingeniero alguna tarea en concreto.

En cierto momento, cuando hablaban acerca del desarrollo de la vida en el universo, aquellos seres le mostraron al ingeniero una pantalla que exhibía una especie de mapa estelar lleno de luces, donde se distinguían tres tipos de luces. Unos representaban a los planetas que tienen gran desarrollo y vinculación con otras civilizaciones del universo. Otras luces representaban a planetas menos desarrollados y que estaban bajo exploración o preparación y finalmente las otras luces representaban a planetas de mayor atraso. En el primer grupo se hallaban civilizaciones que realizaban viajes interplanetarios y que poseían gran desarrollo científico y espiritual. El ingeniero, muy atento a la explicación, solicitó a esos seres que les mencionara cuáles eran aquellos planetas habitados y muy desarrollados. Ellos no aceptaron darle esos datos mencionando que no era necesario. Aclararon que su misión era ir preparándonos poco a poco para los acontecimientos que vendrían en el futuro, pues nuestro planeta se hallaba en el segundo grupo, el de los medianamente desarrollados. Que esa preparación le correspondía hacer a los gobiernos de los países pero que no lo venían haciendo, lo cual era una irresponsabilidad. Al oír eso, el ingeniero insistió y les preguntó por qué «ellos» no hacen más contactos con nuestra gente y con los gobiernos. Ante esa insistencia ellos dijeron:

—Te vamos a hacer una experiencia para que veas por qué no podemos hacerlo.

Entonces se dirigieron a la pantalla y allí vieron a un automóvil que recorría por una autopista.

—Allá viene un auto solo, no hay nada en kilómetros, ni atrás, ni adelante —dijeron.

Efectivamente, el ingeniero vio el auto y observó que en su interior había dos hombres bien vestidos. Ellos conversaban tranquilamente. En el asiento posterior otra persona viajaba durmiendo. El auto era bien presentable y sus ocupantes aparentaban ser elegantes y decentes. De pronto la nave llegó y se situó, suspendido, delante y encima del automóvil. Al verlo, los conductores entraron en pánico, de tal manera que hicieron salir al auto de la autopista. Abrieron las puertas y salieron corriendo. Con el freno y el golpe, el pasajero que dormía despertó sobresaltado, gritó algo y sacó la cabeza afuera para ver que sucedía. Al ver a la nave arriba salió despavorido y se rompió el saco al tratar de pasar por el alambre de púas de la cerca. La nave se retiró del lugar y entonces aquellos seres del espacio dijeron al ingeniero:

—Esa es la reacción de todos ustedes… lo que ha ocurrido siempre. Creo que está contestada la pregunta.

Los contactos del ingeniero Castillo Rincón continuaron hasta el año 1976 en que súbitamente dejaron de producirse.

En el año 1978 el ufólogo Fabio Zerpa publicó este caso en su libro Dos científicos viajan en OVNI *(38).*

En el año 1995, el ingeniero Castillo Rincón narró sus experiencias en su libro OVNI. Gran aurora humana *(10).*

Con respecto a la reacción de los tres ocupantes del automóvil ante la presencia de un ovni se puede decir que ese comportamiento tiene una sola explicación: temor a lo desconocido. Ese temor es algo innato e instintivo y está presente en toda persona, por más elegante que sea.

Si uno llegara a saber algo más del misterio que existe con respecto a los ovnis, parte del temor se diluiría y no veríamos escenas tan disparatadas ante la presencia de una nave.

Según las estadísticas, más de la mitad de la población mundial cree en la vida extraterrestre, pero eso no nos libra del pánico. Resulta difícil pronosticar las consecuencias que traería la llegada «oficial» de los extraterrestres. Tal vez todos nuestros paradigmas se irían al suelo y se produciría un descontrol social. Una parte de la población los recibiría como dioses salvadores de nuestros problemas. Otra parte hui-

ría. Otros los enfrentarían. Definitivamente, no estamos preparados. Tampoco los gobiernos, los ejércitos, las iglesias, los científicos e intelectuales, las instituciones como la ONU, etc.

El ovni se detuvo encima del automóvil y sus ocupantes salieron
despavoridos.

¿UN ENCUENTRO ENTRE DOS INFILTRADOS?
(1974)

Charles Silva Hurtado era un peruano quien a los 14 años de edad se instaló en Estados Unidos. Viajar a temprana edad le permitió dominar perfectamente el idioma inglés. Obtuvo la tarjeta verde o tarjeta de residencia permanente y no tuvo necesidad o el interés de gestionar la ciudadanía americana.

Charles culminó sus estudios en una escuela de California. Luego se fue a trabajar en la industria cinematográfica de Hollywood. No tardó tiempo en convertirse en un *jet set*. Comenzó a viajar por distintos lugares del mundo. En uno de sus viajes llegó al Perú.

Era el año 1974 y Charles hizo diversas diligencias en Lima. Luego, a manera de relax, decidió viajar a Huancayo.

El viaje fue lento y contrastante. A medida que subía a Los Andes por el tortuoso camino de la carretera central entendía que el mundo andino era muy diferente a la Lima urbana. La majestuosidad de las montañas que veía no tenía nada que ver con las montañas de Pocono, en Pensilvania, que las había recorrido varias veces. Estas, al lado de Los Andes, eran miniaturas.

Al llegar a la cumbre, denominada Ticlio, además de la altura reinante le llamó la atención unos letreros. Uno decía «Los platillos voladores existen», otro decía «Bienvenidos. Punto de contacto ovni» y otro «Vamos a prepararnos. Contacto ovni para salvar a la raza humana». Eran letreros que habían sido colocados por el ufólogo huancaíno José Herrera Batallanos. Charles siempre había sido escéptico en esos asuntos. En temas religiosos también tenía similar postura. Hablar de la Biblia era para él una pérdida de tiempo. Aquel día estuvo un buen tiempo observando esos letreros y meditando. Luego prosiguió el viaje, que esta vez era de un lento descenso desde las alturas. Pasó La Oroya, el principal centro minero del camino, luego emprendió rumbo al vistoso y rico valle del río Mantaro.

A las 4:30 de la tarde estuvo llegando a Huancayo. Permaneció en ese lugar recopilando algunas informaciones. Luego, uno de sus afanes fue llegar a un lugar tranquilo y lleno de naturaleza, en especial de aguas volcánicas. Tenía referencia que esas aguas curaban diversas enfermedades. De esta manera, al poco tiempo se le vio dirigiéndose a los baños termales de Acaya.

Charles llegó a la comunidad campesina de Acaya, específicamente a su anexo denominado Pacte, perteneciente al distrito de Curicaca, provincia de Jauja. Era el 5 de julio de 1974, un día como cualquiera. En ese lugar alquiló un alojamiento y de inmediato se dirigió a los baños termales. Bañarse en esas hirvientes aguas y respirar el aire puro y fresco le hicieron sentir como si soñara despierto. Estaba prácticamente solo, pero no tenía temor a nada. La gente del lugar era tan buena, tan atenta y humilde. Largo tiempo permaneció en el agua sintiendo como si captara toda la energía del centro de la Tierra. Estaba casi extasiado cuando súbitamente escuchó el rugido del motor de una motocicleta. Alzó la mirada y vio a una hermosa mujer en una motocicleta americana. Ella se había detenido y le observaba. Era rubia, sin dudas una extranjera. Inmediatamente le llamó la atención la motocicleta. Era una motocicleta del Departamento de Policía de Los Ángeles.

Ambos intercambiaron saludos y lo primero que hizo Charles fue preguntarle señalando a la motocicleta:

—¿Cómo conseguiste eso?

Ella dijo:

—Oh, tenemos maneras.

Charles replicó:

—¿No te cuestionaron los funcionarios peruanos cuando la hiciste ingresar al país?

—Bueno, no lo vieron cuando lo trajimos —respondió ella.

Esa respuesta le dejó intrigado a Charles. La palabra «trajimos» le hizo suponer que se trataba de un grupo. Entonces, ella hablaba de un grupo que podía traer cosas difíciles al Perú. ¿Quién era esa mujer? Por su apariencia era una hippie. De pronto sospechó que era miembro de alguna ONG o una institución americana que trabajaba en Los Andes.

—¿Perteneces al Cuerpo de Paz? —le preguntó a boca de jarro.

El Cuerpo de Paz era una institución caritativa religiosa que hacía sus actividades en Latinoamérica tratando de contrarrestar la penetración comunista en las comunidades rurales.

Ella dio a entender que no pertenecía a esa institución y le dijo:

—Realmente te gustaría saberlo, ¿no?

Esa respuesta era como un reto. Charles, disgustado, respondió:

—No.

Superado este impase, la conversación continuó. Charles siempre tratando de averiguar sobre aquella motocicleta de la policía y ella tratando de eludir ese tema. Finalmente, como para despejarle todas las dudas, ella le dijo que al decir «nosotros» se había referido a un grupo de buena voluntad que difundía la palabra de Dios. Por lo tanto, ella era una predicadora del cristianismo y «su grupo» también. El asunto estaba aclarado. En esos momentos aparecieron tres platillos voladores encima de una colina cercana. Eran metálicos y estaban dispuestos formando un triángulo. No hacían ruido y se mantenían inmóviles, emitiendo luces que iban desde el naranja ámbar hasta el verde turquesa. Charles estaba impresionado, pero ella se mostraba como si nada estuviera ocurriendo. De pronto, las tres naves se pusieron de color rojo candente, hicieron un zigzag, dejaron escuchar un fuerte ruido y desaparecieron en el cielo. Charles quedó estático. A su mente llegaron las imágenes de los letreros en Ticlio. Luego se quedó sin deseos de seguir preguntando. Tantas cosas extrañas le habían sucedido en ese lugar y en breve tiempo. Al despedirse, ella le pidió volverse a ver al día siguiente. Asimismo, le encargó que trajera una Biblia.

Al día siguiente se encontraron en el mismo lugar. De primera intención Charles le dijo:

—Oye, nunca me dijiste tu nombre ayer.

—Llámame Rama —respondió ella.

Con esa respuesta estaba claro que ella no quiso darle su verdadero nombre. De inmediato Charles se dispuso a bombardearle con más preguntas que el día anterior. Al final, ella, como quien decide decirle toda la verdad, le dijo que era una extraterrestre. Mencionó que su mundo pertenecía a Las Pléyades. Le dijo que desde hace miles de años tenían bases en nuestro planeta. Los principales se hallaban en el polo Norte y el polo Sur, pero había bases menores en el Lago Titicaca, en el nevado de Huaytapallana (cerca de Huancayo), etc. Asimismo que existían una serie de túneles interconectados en el interior de la Cordillera de Los Andes.

Charles nos sabía qué pensar. Ella continuó diciendo que ellos habían intervenido en diversos pasajes de la historia. Luego, tomando la Biblia que Charles había traído le mostró varias páginas del Antiguo

Testamento donde se mencionaban «carros de fuego», «columnas de humo», etc. Asimismo, le dijo que los extraterrestres destruyeron Sodoma y Gomorra usando bombas termonucleares.

Al hablar de su mundo le dijo que allá se comunicaban mediante la telepatía. Hasta ese momento Charles creía que ella solo era una fanática religiosa. Al oír acerca de la telepatía le pidió unas demostraciones. Para su sorpresa comprobó que ella podía leer su pensamiento y transmitirle ideas en forma mental. Definitivamente no era una humana, como todas. Le pidió más demostraciones hasta quedar convencido.

Si ella era una extraterrestre ¿por qué estaba infiltrada entre nosotros? ¿Cuál era su intención? Entonces, como leyendo su pensamiento, ella le explicó, siempre basándose en la Biblia, que las profecías son reales y se cumplirán. Mencionó que la Guerra del Armagedón sucederá y que ella y su gente tienen la misión de guiar a la humanidad, como los ángeles del apocalipsis. Además, pretenden educarnos acerca de la realidad de la vida extraterrestre en otros planetas y astros y decirnos que Dios los creó, así como creó la vida en la Tierra.

La conversación duró alrededor de tres horas. Al despedirse Charles le dijo que al día siguiente debía retornar a Lima. Ella le pidió quedarse un día mas. Charles aceptó y al día siguiente en la mañana fue a Huancayo para ordenar sus planes, que habían variado. Al atardecer nuevamente se encontraron en el mismo lugar. En esta oportunidad ella le habló acerca de las apariciones marianas y sus profecías. Cuando mencionó las apariciones de la Virgen en Fátima fue enfático en decirle que ellos, los extraterrestres, habían intervenido en esas apariciones. Le explicó acerca de «la danza del sol», el Tercer Secreto que aún no había sido revelado, etc. Luego le habló acerca de las proyecciones astrales, de la manera como se puede viajar a la cuarta dimensión, de la realidad de la reencarnación, etc. Finalmente le mencionó la pronta caída del presidente Nixon y la muerte del jefe de la CIA.

Al día siguiente Charles retornó a Lima y luego a Estados Unidos. Sin embargo, continuó comunicándose telepáticamente con «Rama» y se reunió con ella en algunas oportunidades más hasta el año 1978 en que ella le dijo que se marchaba de la Tierra para cumplir tareas en otros lugares del universo.

Sus experiencias en aquellos baños termales de Jauja cambiaron la vida de Charles. Se convirtió en un difusor de los conocimientos recibidos. Luego decidió escribir un libro. Allí hablaría del cambio climático, de los movimientos políticos que sucederían, de la futura llegada «oficial» de los extraterrestres, etc. Entonces, algunos amigos influyentes que tenía, como la abogada Bella Abzug y el magnate David Rockefeller, le convencieron no tocar esos temas en dicho libro.

En el año 1977 publicó su libro *Date with the gods* (*Cita con los dioses*). Ese libro tuvo un relativo éxito. La actriz y activista Shirley MacLaine quedó impresionado por ese libro. Le pidió a Charles llevarla a Perú y hacerle conocer aquellos lugares casi mágicos de la sierra. Así sucedió. Posteriormente ella participó en una película inspirada en ese libro llamada *Out of on a limb* donde recrea su viaje al Perú y su encuentro con extraterrestres.

Por su parte, Charles se convirtió en un conferencista. Hablaba de la futura quiebra de Estados Unidos y la llegada de los extraterrestres. Al parecer eso incomodó a los poderosos. En el año 1991 le acusaron de abuso sexual de menores. Fue arrestado y como no era un ciudadano americano le hicieron el peor de los tratos, llegando a cambiarse de nombre por el de August Hurtado con el fin de no ser ubicado por la prensa o los medios. Finalmente, en el año 1994 fue deportado.

———— ᴓᴍ—— ——ᴓᴍ——

Como se mencionó, Charles Silva publicó su experiencia en su libro Cita con los dioses *(31). Ese libro fue publicado en idioma inglés y nunca fue traducido ni vendido en Latinoamérica, por lo tanto, su caso no fue conocido en nuestros países. En el año 1993, Joseph Randazzo publicó la experiencia de Charles en el capítulo 4 de su libro* Witness ET The contactee *(29).*

Según el investigador peruano John Bustamante, Charles Silva era un agente de la CIA. Bajo la apariencia de cineasta recorría diversos países recopilando informaciones. Así llegó a Huancayo y tuvo este sorpresivo encuentro con una infiltrada de origen extraterrestre. Entonces, esas reuniones en los baños termales de Acaya se habría tratado del encuentro de dos infiltrados, uno de la CIA y otro de Las Pléyades. Ambos estaban haciendo algo muy reservado en Huancayo.

Existen diversos casos en el mundo de la ufología que nos hacen pensar que habría infiltrados extraterrestres entre nosotros; muchos de ellos de origen pleyadiano.

El destino que tuvo Charles Silva nos llama a sospechar que de verdad era un agente de la CIA. Posteriormente lo trataron como a un traidor al igual que a Julian Assange, el fundador de WikiLeaks, a quien también le acusaron de vulgares delitos sexuales para apresarle y condenarle. Los poderosos no perdonan.

EL ENCUENTRO EN MARCAHUASI
(1974)

Marcahuasi es una meseta andina situada a 85 km de Lima, Perú. Su altitud fluctúa entre los 3900 y 4200 msnm. Su nombre proviene del idioma quechua y significa «casa del protector», «casa del soberano» o «casa del pueblo». Ese lugar fue poblado en el periodo preincaico, en el primer milenio de nuestra era. Posteriormente, en el incanato, sus habitantes se integraron al imperio incaico bajo la forma de clanes, siguiendo la autoridad de un curaca. En el virreinato la meseta dejó de tener la importancia de antes y sus pobladores se establecieron en lugares cercanos a la meseta, como el pueblo San Pedro de Casta, donde permanecen hasta la actualidad.

Existen tradiciones y mitos que se remontan a épocas mas antiguas. Se dice que toda esa zona estuvo poblada primigeniamente por los *carashatos*, quienes vivían en un estado de barbarie y eran antropófagos. Luego llegó el dios Soxta Kuri o Soktacure, que los sacó de la barbarie. Tiempo después ese dios se marchó y llegó otro llamado Wallallo Carhuincho o simplemente Wallalla. Ese dios tuvo un largo reinado y luego, obligado por el dios Pariacaca, huyó hacia el valle del Mantaro.

En el año 1952, el investigador peruano Daniel Ruzo vio una fotografía de *El monumento a la humanidad*, tomada en Marcahuasi. Al ver aquella imagen pétrea quedó sorprendido y fue en su búsqueda. A partir de ese momento, lo que iba ser un simple paseo o inspección de la zona se convirtió en una ardua tarea que le demandaría varios años. Daniel Ruzo construyó una rustica cabaña en la meseta de Marcahuasi y durante nueve años se quedó en ese lugar estudiando las formaciones pétreas. Durante su permanencia descubrió numerosas figuras de piedra, canales y restos arqueológicos. Por esos motivos calificó a Marcahuasi como una montaña sagrada donde confluían fuerzas telúricas y cósmicas.

Los argumentos de Daniel Ruzo dieron lugar a la vitalización de algunas concepciones esotéricas que ya existían y que señalaban la existencia de lugares magnéticos en el mundo, que cada cierto periodo o época se activaban. Según esas concepciones, en el siglo XX el Tíbet inició su desactivación dejando de ser el centro espiritual y magnético del mundo, el cual se trasladó a Los Andes sudamericanos.

Según Ruzo, en tiempos remotos existió una cultura en Marcahuasi. Se trató de la cultura Masma, que posteriormente habría emigrado a lejanos lugares, como Egipto, dando lugar a la civilización faraónica.

Para los esotéricos, el Marcahuasi de hoy es un altar dejado por otra humanidad, ligado a los atlantes. Asimismo, tendría conexión con centros energéticos intraterrestres.

La expedición

Era el día lunes 19 de agosto de 1974 y la mañana estaba fría, como todo día de invierno de la ciudad de Lima. En Barranco, por su cercanía al mar, el frío se sentía con mayor intensidad. Poco a poco llegaban a la casona los integrantes de la expedición. Pese al frío reinante se mostraban entusiastas y ajustaban los últimos detalles para el viaje. El destino: Marcahuasi.

Nunca habían estado allá y poco sabían de ese enigmático lugar. Su objetivo: un encuentro con los seres del espacio.

En los últimos meses, desde esa casona, que era el local del IPRI (Instituto Peruano de Relaciones Interplanetarias), grupos como ese habían partido varias veces a hacer expediciones de contacto con ovnis, generalmente con destino a las playas del sur; pero nunca habían partido para asistir a un anunciado encuentro con un extraterrestre, ni mucho menos a un lugar tan extraño como Marcahuasi. Por tal motivo, ese viaje era importante y la emoción reinaba en el grupo.

Los últimos arreglos ya habían finalizado y todo estaba listo. El grupo estaba conformado por los hermanos Paz (Charlie y Sixto), el arquitecto Eduardo Pomareda Elías y dos jóvenes más (José y Santiago). Todos subieron al Chevrolet del arquitecto Eduardo y partieron desde aquella casona rumbo a la carretera central.

El tráfico era fluido y en media hora ya dejaban las últimas calles de la ciudad de Lima. Continuaron en dirección a Chosica. En ese lugar apareció el sol iluminando el río Rímac y los verdes campos de cultivo. Más tarde, a la altura de Santa Eulalia, el vehículo dejó la carretera central y tomó un desvío hacia la izquierda siguiendo por una vía no asfaltada que poco a poco comenzó a ascender. Eran las primeras estribaciones andinas, los cuales tenían que sortear y seguir subiendo.

A medida que avanzaban, la vía era más angosta, no dejando pasar a más de un vehículo. Al costado se veía la pendiente que llegaba al valle. Los expedicionarios, quienes eran costeños, miraban con atención todo el entorno. Era emocionante ver los precipicios y las vegetaciones de la serranía. Los jóvenes no ocultaban su entusiasmo, mientras que el arquitecto Eduardo Elías, que a sus 44 años era el de mayor edad, ponía la cuota de sensatez.

A mediodía llegaron a la Central Hidroeléctrica de Huinco, aquel que proveía de energía a la capital. Allí se detuvieron para tomar un refrigerio. Cerca de las 4:00 de la tarde reiniciaron el viaje. El camino era difícil, pues era en ascenso. Apenas habían recorrido un par de kilómetros cuando se dieron cuenta de que el vehículo casi hervía. Inmediatamente bajaron para echar agua al motor y reiniciar la marcha. Al poco tiempo de nuevo sucedió lo mismo, por lo que, cada 200 metros, tenían que detenerse para echar agua al motor. La tarde ya se despedía y no habían logrado su meta: llegar al pueblo de San Pedro de Casta. Luego de recorrer casi siete kilómetros con ese problema el agua se acabó y no pudieron avanzar más.

La oscuridad de la noche cubrió todo el entorno y el frío se sintió con mayor intensidad. Tuvieron que mantenerse en ese lugar durante largas horas esperando el amanecer.

Al día siguiente ingresaron a San Pedro de Casta, un pintoresco lugar perdido en la serranía. Cansados pero contentos vieron la plazuela, el colegio, la iglesia y las pequeñas tiendas de comercio. Luego se ubicaron en un lugar para reposar y reponer energías, preparándose para la nueva etapa del viaje: el ascenso a la montaña. Ese ascenso debían hacerlo a pie o en lomo de bestia. Se hallaban pensando cómo organizar el ascenso cuando conocieron a Camilo, un niño de 10 años de edad, bastante conocedor de la zona y que en varias oportunidades había servido de guía a los visitantes de Marcahuasi. Con Camilo se facilitó la expedición.

Siendo las 11 de la mañana, el grupo inició el ascenso hacia la meseta, siguiendo el camino más corto, por indicación de Camilo. Contaban con el apoyo de mulas para cargar el equipaje y llevar a algunos de los jóvenes en sus lomos. El sol era abrazador y arduo el ascenso por lo que los jóvenes se turnaban para subir al lomo de las bestias venciendo el natural temor de caerse por el resbaladizo pelaje de los animales.

Tres horas duró el ascenso. Finalmente, el sacrificio quedó recompensado al observar la imagen de *El monumento a la humanidad*, que era la figura de una cabeza humana, como si estuviese tallado en una roca. Los jóvenes se quedaron observándolo, admirados. Camilo les dijo que ese «monumento» se llamaba, en idioma nativo, Peca Gasha («cabeza del callejón») y que era el vigía o guardián de la meseta y del pueblo de San Pedro de Casta.

La presencia de esa imagen pétrea anunciaba la llegada a Marcahuasi. Los expedicionarios se ubicaron al pie de esa inmensa roca y sentados en unas piedras se pusieron a saciar la sed tomando bebidas. Luego, mas repuestos, iniciaron un breve recorrido por la meseta observando otras figuras de piedra. En cada una se detenían y Camilo se esforzaba por dar las explicaciones del caso. Luego de caminar un tanto no tardaron en hallar la cabaña que dejara Daniel Ruzo. Este era un recinto de 3 a 4 metros por cada lado y que era propicio para descansar y protegerse del frío. Allí se instalaron y al poco rato quedaron profundamente dormidos. Al despertar ya el sol estaba ocultándose y el frío era más fuerte. Rápidamente salieron para aprovechar lo máximo del tiempo y seguir recorriendo la meseta hasta que llegara la noche. Así lo hicieron y pudieron observar otras figuras de piedra, algunos restos arqueológicos, etc.

Ya todo era oscuro cuando ingresaron a la cabaña para prepararse para el objetivo principal de la expedición: el contacto.

El encuentro

El frío era algo que los mortificaba. Buscaron ramas para hacer una fogata, con el fin de abrigarse y beber algo caliente. Al poco tiempo se hallaban sentados cerca al fuego buscando una amena espera pese al penetrante frío y la altura. Los expedicionarios hacían esfuerzos para sobreponerse mientras que Camilo se encontraba de lo más natural.

Sixto y Charlie, con menos de 20 años de edad, eran los mas jóvenes y apenas se disponían a iniciar sus estudios universitarios mientras que Eduardo Elías era un arquitecto con buena solvencia académica y amplios conocimientos en temas esotéricos y de metafísica; pero aquella noche todos eran neófitos y no sabían lo que iba a suceder. Charlie y Sixto eran los «más experimentados» en materia de contacto, pues ellos habían estado presentes aquella noche de enero de 1973 cuando, en su vivienda, captaron el primer mensaje telepático de un ser extraterrestre procedente de Ganimedes. En los meses siguientes, siguiendo las instrucciones telepáticas de aquellos seres, participaron en numerosas expediciones, logrando ver a las naves y dando inicio a la Misión Rama. Sin embargo, esa expedición a Marcahuasi era distinta y solo quedaba esperar.

Un viento fuerte y helado rodeaba a la cabaña mientras que el cielo estaba poblado de estrellas, algo diferente a lo que los jóvenes costeños estaban habituados a ver, puesto que el cielo de Lima casi siempre se halla cubierto de nubes. Sin embargo, en ese momento no era posible ver y admirar por mucho tiempo aquel cielo despejado pues el frío los dominaba. Todos estaban en la cabaña y solo dejaron a uno de ellos afuera haciendo guardia pues si algo sucediera.

Siendo las 8 de la noche el joven que se hallaba en la puerta como vigía comenzó a gritar, señalando con su mano al cielo, hacia el occidente.

—¡Miren! ¡Miren! ¡Allí... veo una luz que se mueve y parece que también se viene!

Todo el grupo salió y se puso a observar el cielo. Efectivamente, una luz que parecía una estrella, pero más brillante, se movía y se acercaba. Al verlo, los jóvenes no tuvieron duda: eran «ellos», sus amigos del espacio. Se pusieron a hablar en voz alta, demostrando alegría y emoción. Camilo los observaba sorprendido. No entendía por qué tanto escándalo al ver una estrella o... esos jóvenes estaban locos. De pronto, al acercarse, esa «estrella» fue dejando ver su verdadera forma que era tipo ovoide y su aspecto como la luna. Se acercó hasta detenerse a 100 metros de altura. Los jóvenes estaban impresionados y se mantenían quietos.

—¡Concentrémonos! ¡Tratemos de comunicarnos! —exclamó Charlie.

En esas circunstancias no era posible «poner la mente en blanco» ni concentrarse. Transcurrieron minutos y todos solamente miraban al objeto luminoso, que parecía arder en llamas blancas lanzando chispas a su alrededor. De pronto una de las chispas pareció desprenderse de la nave y descendió. A hacerlo se le vio como una bombilla de luz. Cuando estaba a 50 metros de altura esa "bombilla" comenzó a alargarse tomando la forma de un tubo de neón de casi un metro de largo. Continuó descendiendo y casi al llegar al suelo esa especie de tubo de neón, sin perder su luminosidad, se amplió a manera de un poste de luz de 2 metros de altura y bajó perpendicularmente al suelo. Al llegar al suelo rocoso ese "poste de luz" comenzó a tomar una forma humana. Ante ese hecho los jóvenes comenzaron a temblar. Frente a ellos se hallaba la figura de un ser de apariencia angelical. Era alto, con cabellos como de plata, rostro amable y sonriente. Llevaba una túnica blanca que le cubría desde el cuello hasta las piernas. Inspiraba tranquilidad y confianza. Les miraba con gesto de amistad y al poco instante comenzó a mover sus manos al tiempo que dejaba oír su agradable voz:

—¡Paz y tranquilidad! ¡Hermanos, mi intención es la de guiarlos por el buen camino! ¡No temáis! ¡No os asustéis!

Al oír eso, el grupo sintió confianza y serenidad. Era uno de los guías extraterrestres que habitualmente se comunicaba telepáticamente con ellos. Esta vez estaba presente allí y lo veían.

El ser siguió, diciendo:

—Hermanos, esta no es, ni será, la única prueba a la que deberéis someteros. Habéis cumplido correctamente la primera. Posteriormente tendréis que obligaros a observar una rigorosa etapa de experiencias. Los que fielmente sigan con nosotros serán los depositarios de la verdadera y real historia de la Tierra.

Los jóvenes escuchaban con atención, pero, de pronto, José interrumpió al ser, exclamando con voz fuerte:

—¡Maestro! Yo creo que todos comprendemos perfectamente lo que nos está diciendo y aceptamos gustosamente su invitación para continuar con nuestra misión. Ahora si usted lo tiene a bien, podría tener la bondad de aclararnos ¿por qué nos citó a este lugar?

El ser respondió:

—José, no necesitabas levantar la voz para que yo te escuchase. Te puedo oír, aun sin que articules palabra alguna, pues tengo la facultad de penetrar con toda facilidad en el consciente y subconsciente de todos ustedes. Sé lo que estáis pensando desde el momento en que hice mi aparición y he estudiado las reacciones psicológicas de cada uno. Por ello, puedo asegurarles que estoy complacido con vuestro comportamiento, que es bueno.

A continuación, satisfaciendo otro pedido de José, aquel ser narró varios hechos del pasado, especialmente lo relacionado a civilizaciones desaparecidas, a los errores de las antiguas civilizaciones, etc. Luego de esa prolongada reseña dijo:

—Nosotros no venimos a vuestro mundo, ni como misioneros ni como conquistadores, tampoco pretendemos persuadiros a aceptar una nueva religión originalísima. Ni deseamos tampoco que se nos tome como redentores ni falsos dioses, como en el pasado, pues indudablemente en algunos aspectos habéis evolucionado espiritual y mentalmente. La honestidad de nuestro procedimiento se puede medir a través del sistema operativo que estamos utilizando para acercarnos a vosotros. Primeramente, seleccionamos a personas que, a nuestro criterio, tienen la mente limpia y preparada para obras benéficamente en servicio a la humanidad. Nuestra labor ha sido persistente durante muchos años y si no hemos tenido la satisfacción de haber impactado en vuestro espíritu tampoco se nos ha mirado con total indiferencia, y muchos son los grupos, que, como vosotros, ya nos están escuchando y recibiendo nuestros mensajes. Si nuestra intención hubiese sido solo y exclusivamente para aprovecharnos de vuestra ingenuidad mental, confusión e innata crueldad para con vosotros mismos, nos hubiese sido fácil preparar un proselitismo sofisticado y sacaros el mayor provecho posible. Visitamos vuestro planeta para seguir prestándoles nuestra ayuda y facilitaros la fórmula correcta que os permita superar el estado caótico de confusión en que vivís y tratar de purificar vuestras conciencias.

A continuación, mirando con bondad a cada uno de los integrantes del grupo dijo:

—Hermanos míos, vosotros sois los escogidos para llevar a cabo una tarea muy dura. No sabéis cuanto sacrificio os costará lograr que, inclusive solo entre vosotros, reine la paz y la armonía. Apenas os sintáis dueños de la situación y que vuestra hermandad sea indestructible, es recomendable que cada uno de vosotros se dedique a reunir grupos de personas que sientan la necesidad y satisfacción de que la paz ingrese en vuestro planeta Tierra y resaltar que en virtud de un leve descuido, en el uso de vuestras armas nucleares, se podría perturbar todo el sistema planetario y la Tierra volvería a una nueva época de caos y desesperación.

Luego continuó dando instrucciones, tal como un maestro habla a sus discípulos.

—Que las palabras, cuyas letras simbolizan el amor, sirvan para la institución de grupos de mensajeros espaciales, que podrían recorrer el mundo en la incesante búsqueda de espíritus nobles, amantes de lo natural. A vosotros os toca esa tarea. Debéis explicar a vuestros contemporáneos que todo acto de benevolencia y caridad debe realizarse con fe y amor.

Finalmente concluyó:

—Bueno, hermanos, habéis recibido ya mi mensaje y nuevamente me agrada el manifestarles que estoy satisfecho con vuestra presencia y contento de encontrar gran proporción de positivismo en todos y cada uno. Como la felicidad de constatar que no todos en el planeta Tierra están en el plano negativo, sino que también hay personas en que se puede confiar y que están dispuestas al sacrificio con el inflexible deseo de incursionar en la nueva dimensión de la verdad, el amor y la elevación espiritual. Adiós, hermanos, y cuando me volvéis a llamar, yo volveré.

Los jóvenes gritaron, agitando los brazos:

—¡Adiós, maestro!

En el rostro de cada uno se dibujaba sonrisas de satisfacción mientras que la imagen se desvanecía dando paso a la oscura noche. En ese momento todos volvieron a sentir frío.

—¿Cómo era posible que durante la presencia del maestro el clima estaba atemperado y no se sentía frío? —dijo Charlie.

En efecto, durante el largo dialogo no habían sentido frío. Ahora todos miraban el cielo como extrañando el calor. Arriba ya no estaba aquella estrella voladora y el aire soplaba implacable.

Un «Dios del cielo»

Ingresaron a la cabaña mientras que José comentaba:

—Nadie nos creerá nada, si se nos ocurre contar nuestra experiencia...nos tildarán de locos.

—Y de lo que cuente Camilo, ¿qué? —preguntó Santiago.

—No te preocupes, a él nadie le creerá, o por miedo cerrará la boca, ¿no es así Camilo? —dijo José.

—Sí, señorcito, pero dígame patrón, ¿quién era ese fantasma? ¿Por qué habló con ustedes? ¿Son ustedes sus amigos? —dijo el niño con su acento andino.

Esas preguntas sorprendieron a los jóvenes costeños y mientras titubeaban para responderle, el niño añadió:

—Yo solo sé que ese señor no es otro que Wallalla, nuestro protector y que yo he tenido la suerte de ver y escuchar, y sé que regresará a nuestro pueblo para ayudarnos.

José rápidamente respondió:

—La respuesta es una sola Camilo, ese señor no es ni un fantasma ni tu dios Wallalla sino un hombre igual a nosotros.

—No juegue usted conmigo, señor, un hombre como nosotros no aparece y desaparece así no más. Él es un dios y es Wallalla, y ustedes no sé con qué brujerías lo han traído… —insistió el niño.

En la cabaña, la conversación se prolongó durante gran parte de la noche ayudado por sorbos de café caliente. El grupo estaba entusiasmado y con ideas claras acerca de la misión que les correspondía desarrollar.

Al día siguiente descendieron de la montaña y durante el retorno Camilo escuchaba todas las cosas extrañas que ese grupo hablaba sin hacer ningún comentario. En su pensamiento, ese niño no se explicaba como él habiendo participado en decenas de expediciones a la meseta nunca había visto algo parecido. Recordaba sí, haber visto luces en el cielo pero que descendiese un dios, nunca.

～～— —～～

A finales del mes de agosto de 1974 este caso fue difundido a nivel internacional por la agencia EFE en los siguientes términos:

«Lima. Cinco miembros del Instituto Peruano de Relaciones Interplanetarias (IPRI) han establecido contacto con un OVNI procedente de Ganimedes, el mayor de los satélites naturales de Júpiter, reveló a EFE el presidente de dicha institución, Carlos Paz García. Los integrantes del IPRI partieron el lunes de la semana pasada hacia Marcahuasi, altiplanicie situada a unos 90 km de Lima y a una altura de

4200 msnm, permaneciendo allí hasta el jueves, 22 de agosto. Paz García señaló que el grupo indicado viene estando en contacto con los extraterrestres desde hace ocho meses».

Este caso fue publicado en varios libros. Tres de sus protagonistas lo publicaron en sendos libros: Sixto Paz en su libro Los guías extraterrestres y la misión Rama *(25), Charlie Paz en* Los sembradores de vida *(26) y Eduardo Pomareda Elías en* El jardín de los dioses *(28). Sin embargo, desde mi punto de vista el relato presentado por José Carlos Paz García Corrochano en su libro* Y conocimos gente de otros mundos *(27) es el más vivo; por tal motivo me he basado en ese libro para la presentación de este caso.*

Con respecto a Marcahuasi, según la ciencia oficial, fuera de los restos arqueológicos que existen allí no hay nada de extraordinario. El resto es solo fabulación, llámense: esculturas talladas, centros magnéticos o accesos a mundos subterráneos. En parte estoy de acuerdo con estas afirmaciones, sobre todo en lo que respecta a las figuras de piedra que existen en la meseta. Opino que son formaciones naturales, es decir, no talladas, que gracias a la imaginación de los visitantes han sido catalogadas como esculturas hechas por culturas antiguas.

Una noche de agosto de 1963, Moisés Bautista caminaba por la meseta de Marcahuasi para revisar su ganado. Era las 2 am y la noche era clara, con luna llena. De pronto, cuando se hallaba cerca de unas ruinas, súbitamente llegó desde el norte un ovni y descendió a 20 metros de distancia. Inmediatamente Moisés se ocultó y desde el lugar de su escondite observó. La nave tenía alrededor de 3 metros de diámetro y a su alrededor vio a cinco seres de 1,20 m de altura que vestían trajes de color naranja y marrón y calzaban botas. Los extraños recorrieron el terreno tocando las piedras como si lo inspeccionaran. Luego regresaron a su nave y volaron con dirección al norte. Toda esta experiencia duró 3 minutos.

Al transcurrir el tiempo, Moisés Bautista llegó a ser presidente de la Comunidad de San Pedro de Casta.

A parte de este testimonio no hay otro que nos indique que Marcahuasi era una zona de ovnis.

El estudioso Daniel Ruzo vivió en aquella meseta desde 1952 hasta 1960 y nunca habló de ovnis ni extraterrestres. Eso tal vez sucedió simplemente porque en esos años Marcahuasi no era «zona caliente» en cuestiones de ovnis. Es decir, allí no se veían ovnis ni extraterrestres.

Sabemos que las «zonas calientes» no son eternas. Tienen un inicio y luego de un tiempo llegan a su fin. Se suponen que los visitantes del espacio se instalan en las «zonas calientes» o lo usan como estaciones de paso durante el tiempo que ejecutan alguna misión, que puede durar meses o años.

A partir de esta expedición realizada en el año 1974 Marcahuasi llegó a ser una «zona caliente» llegando a su clímax en la década de los 80. Hasta la actualidad es una zona turística.

Finalmente, cabe destacar que, si el suceso fue verdadero, aquel ser que se presentó y dialogó con el grupo de expedicionarios no era un ser real sino un holograma. La descripción que hace el autor del libro Y conocimos gente de otros mundos es interesante y ejemplifica cómo se produce la transmisión de una imagen holográfica, que parece ser real pues es una imagen tridimensional que se mueve, oye y conversa. Los extraterrestres emplearían este recurso para presentarse en alguna zona sin someterse a los rigores del ambiente terrestre.

Este encuentro de Marcahuasi es algo histórico para el movimiento Rama, pues era la primera vez que eran convocados para un encuentro directo con los seres del espacio. En las anteriores convocatorias, por lo general, solo aparecían las naves.

Este caso forma parte del inicio de la Misión Rama, una misión diseñada, preparada e iniciada por guías extraterrestres. Esos guías al inicio dijeron proceder de Ganimedes, Venus, etc., pero en realidad esas eran sus bases, pues su verdadera procedencia era la constelación de Orión.

Este encuentro de Marcahuasi fue una reunión de diálogo y recepción de pautas para lo que se veía venir: la difusión de esa misión en el mundo.

El despacho de la agencia EFE tuvo repercusión, no en el Perú sino en España, y motivó el viaje del corresponsal del diario La Gaceta del Norte de Bilbao, el Sr. Juan José Benítez. Este periodista, al finalizar su reportaje en el Perú, pidió a los jóvenes contactados asistir a una de sus expediciones de contacto. Al parecer, era la primera vez en el mundo ufológico que un periodista hacía eso. Los jóvenes «consultaron» a sus guías. La petición fue aceptada y les citaron para el 7 de septiembre, en Chilca. Allí, a la hora señalada, Juan José Benítez y un grupo de invitados fueron testigos del anunciado avistamiento ovni. Este hecho cambió la vida de este periodista, quien se convirtió en un importante in-

vestigador y escritor del tema ovni. En el año 1975 publicó su experiencia en Perú en el libro OVNIS: SOS a la humanidad *(5).*

En los años que siguieron, Rama se extendió a decenas de países, cosa que nunca se imaginaron aquellos cinco expedicionarios que cierto día se aventuraron a viajar a Marcahuasi.

Como dato adicional debo señalar que en aquellos años asistía a las reuniones del IPRI, por lo tanto, conocí a todos los protagonistas de este caso, incluido a Juan José Benítez. Sus testimonios los recogí mucho tiempo antes que se publicaran en libros y revistas. En aquella época no encontré indicios de fraude.

LA MANO DE UN HOMBRE ANDINO
(1975)

La mano es un elemento importante para el hombre andino. Su uso hace posible el trabajo y el contacto físico con los elementos de la naturaleza. El trabajo es algo básico no solo para subsistir, sino para interactuar con el medio ambiente, para transformarlo, crear riqueza y generar desarrollo. La mano del hombre andino es algo valioso para la agricultura, la artesanía, el trabajo técnico y otros.

El siguiente relato tiene como personaje a Donato Cervantes Cervantes. Donato nació en Chancallan, Huaraz, el 7 de agosto de 1943. Este pequeño pueblo andino, situado a 3100 msnm, fue su cuna.

Durante sus primeros años Donato vivió al lado de su madre y en contacto con la naturaleza. A los 8 años de edad, como todo niño rural y más aún porque no tenía al padre a su lado, comenzó a trabajar. Por ese motivo y otros, el niño Donato no pudo asistir al colegio. A los 14 años era ya todo un jovencito trabajando como peón en diversas obras de construcción. Mas tarde logró ingresar a una factoría, donde desarrolló las habilidades de pintor, mecánico, lavador y engrasador de vehículos. A los 18 años era un experto obrero, conocedor de diversos oficios. A los 22 años de edad se casó con Victoria Alvarado constituyendo una hermosa familia.

Era la década de los 70 en Huaraz. Esa ciudad y otras renacían del catastrófico terremoto ocurrido en el mes de mayo de 1970. Instituciones estatales nacidas bajo el gobierno militar ejecutaban obras y el joven Donato tenía oportunidad de laborar en diversas entidades gracias a sus principales oficios: mecánico y chofer.

La primera curación

En el año 1975, Donato se desempeñaba como chofer de una empresa de carreteras en la ruta Pativilca-Huaraz cuando le sucedió algo fuera de lo común, algo que marcaría su vida.

Era el 8 de septiembre del año 1975. Aquel día Donato conducía la camioneta de la empresa llevando carga desde Pativilca hasta Huaraz. Era una ruta de ascenso por una serpenteante carretera que trepaba la cordillera de Los Andes. Ya era medianoche y Donato manejaba por el kilómetro 24 de la carretera Pativilca-Huaraz, cerca del poblado de Aricanga, cuando, luego de sortear una curva, apareció en uno de los cerros mas altos, situados al frente, una potente luz dirigida hacia la camioneta. Era una luz amarilla que parecía estar cerca, por lo potente que era. En ese momento el vehículo dejó de funcionar y se detuvo. Donato, que mantenía sus manos en el timón, se quedó paralizado. Su cuerpo permanecía inmóvil, aunque él se hallaba despierto. Inmediatamente la puerta del lado izquierdo del vehículo se abrió y el cuerpo inmóvil de Donato fue sacado de la camioneta por aquella luz. En plena intemperie su cuerpo fue elevado a 20 m de altura por esa luz. Donato se encontraba despierto, pero no podía moverse. Fue conducido hacia arriba, siempre flotando. En ese momento ocurrió algo inesperado: de la curva apareció un volquete que bajaba desde Huayzalá hasta Pativilca trayendo minerales. Hizo su aparición con su estructura pesada y sus luces iluminando el ambiente. Entonces, el potente haz de luz que elevaba a Donato súbitamente desapareció y el cuerpo de Donato, que se hallaba elevado, cayó pesadamente sobre una piedra blanca en pleno sector del río Seco, a 60 m de la carretera.

El volquete llegó y sus conductores, al ver a la camioneta detenida y su puerta abierta, se detuvieron. En ese momento, al no haber aquella luz potente procedente del cerro, la camioneta de Donato comenzó a funcionar. Los tripulantes del volquete no hallaron al chofer de la camioneta y eso les alarmó. Comenzaron a buscarlo hasta que lograron ver al cuerpo de Donato, con su camisa blanca, tendido en un charco de sangre. Inmediatamente fue auxiliado y conducido hasta el campamento de Shihuay, perteneciente a la empresa donde laboraba Donato. Llegaron allá a las 2:00 am y dejaron a Donato bajo el cuidado del personal de la empresa. Luego continuaron su viaje a Pativilca. Donato ya no sangraba, pero lucía mal y tenía una herida en la espalda. Los asistentes del campamento poco pudieron hacer por lo difícil de la hora. Lo colocaron en una especie de camilla e improvisaron un tópico en un cuarto. Luego de estabilizarlo le dejaron solo. Cerraron la puerta asegurándolo debidamente con un candado.

Siendo casi las 3:00 am, Donato despertó. Miró a su alrededor y solamente vio el cuarto oscuro. Se hallaba tratando de recordar lo sucedido cuando, de pronto, observó una luz intensa en un lado del cuarto. Donato se preguntó ¿qué será? ¿Será un incendio? En ese momento, en esa luz aparecieron tres siluetas. Al verlos, Donato pensó que había muerto y no atinó a hacer algo, solo observar. Los seres eran altos, de casi 2 m de altura, de nariz y boca pequeñas, con una especie de gruesos collares en el cuello. Sus ojos eran algo alargados horizontalmente y separados entre sí, dando la apariencia de ser anteojos. En la cabeza llevaban una envoltura, como un gorro o capucha blanquecina y redonda que les cubría todo dejando solo la cara que era de forma algo triangular, con el mentón casi en punta.

Los extraños seres iniciaron el diálogo diciendo:

—Donato, no te preocupes, somos tus amigos… disculpa.

Al «oír» eso, Donato se alarmó y dijo:

—¿Quiénes son? ¿De dónde vienen? ¿Por qué a mí? Déjenme en paz.

—Donato, no temas, somos tus amigos. Venimos de una galaxia celeste. Somos paz, luz y amor.

Esas últimas expresiones le dieron algo de tranquilidad a Donato. Los alienígenas añadieron:

—Donato, por mucho tiempo venimos en busca de tu persona… Tú eres la persona elegida por nosotros.

En ese momento, Donato recordó lo sucedido horas antes. Recordó la luz potente, su elevación y su súbita caída al suelo. Luego miró a su alrededor. Había sangre en el suelo. Vio su camisa rota, embebida de rojo. Sin embargo, esos seres decían ser sus amigos y se hallaban allí, como disculpándose. Todo era extraño.

En ese instante uno de los seres le dijo:

—Donato… levántate. Ponte de costado…

Donato obedeció y pudo ver en el suelo a sus dos zapatos en medio de rasgos de sangre. En ese momento, sus dos zapatos se elevaron solos y se colocaron en los pies de Donato, quien yacía en la camilla. A continuación, vio a uno de los seres acercarse dejando ver sus cuatro largos dedos. Luego, aquel extraño ser puso uno de sus manos en una actitud tal que dejaba el índice a manera de guía o instrumento. Inmediatamente, en la punta del dedo índice apareció algo semejante a una flama celeste azulada. El ser acercó su dedo a la herida de Donato. Al poco instante aquel ser dijo:

—Donato… estás curado.

Inmediatamente todo rasgo de sangre desapareció. La camisa lucía blanca.

Donato, más aliviado, dijo:

—Señores, qué debo hacer… qué va a ser de mí…

—No te preocupes. Posteriormente te vamos a preparar y educar.

Luego insistieron que no le abandonarían, que eran sus amigos del espacio y que a continuación recibiría instrucciones para mantener una comunicación mental con ellos. Efectivamente, eso sucedió y aquella noche Donato recibió instrucciones precisas, a manera de claves, que le permitirían comunicarse a distancia con estos seres. Logrado eso se despidieron y todo se hizo oscuro.

Al amanecer y al abrir el candado, los operarios de la empresa se dieron con la sorpresa de ver a Donato sano y vigoroso, como si nada hubiera ocurrido. Él les narró lo ocurrido y ellos, lógicamente, no le dieron crédito. Ante esta situación, Donato les condujo al lugar del accidente para mostrarle las huellas. Al llegar no hallaron sangre y la piedra blanca estaba en su lugar, limpia, como si nada hubiera ocurrido.

Donato volvió a casa ileso y aquello que vivió le pareció una pesadilla.

Cuando a una persona le suceden cosas extraordinarias y que llegan al conocimiento del público, la vida de esa persona puede dejar de ser una vida tranquila. Eso no ocurrió con Donato, pues él decidió olvidar aquella «pesadilla». No lo divulgó y continuó su vida tranquilamente, pues eso le resultaba más fácil.

Al parecer Donato no había logrado entender que él era un elegido por los extraterrestres para algo y que tenía instrucciones para comunicarse con ellos. Donato simplemente ignoró todo aquello y no buscó comunicarse con aquellos seres. Su vida era plena. Era chofer mecánico y trabajos no le faltaban. Ganaba su dinero y como todo obrero o técnico, una parte lo disponía para su familia y la otra era para su diversión. El ambiente provinciano donde vivía así lo imponía. Los amigos, los licores, los cigarros y la música no le faltaban. Nada en la vida de Donato había cambiado. De esa manera llegó el año 1983. Donato contaba con 40 años de edad y trabajaba en la Corporación de Desarrollo de Ancash, situada en Huaraz.

La segunda curación

El 8 de junio de 1983, Donato se hallaba en su hogar. Aquella tarde se hallaba bajo los efectos del alcohol. En esas circunstancias, mientras caminaba pisó algo, al parecer la cáscara de una fruta o la envoltura de un refresco, y perdió el equilibrio. Antes de caer intentó apoyarse con la mano derecha sobre una mampara de vidrio, pero cayó afectándose seriamente el brazo derecho por acción del vidrio y del fierro. Inmediatamente la sangre emergió, cubriéndolo todo. Fue auxiliado con un providencial torniquete y llevado a Emergencia del Hospital Regional de Huaraz. Allí los facultativos observaron que los tendones y arterias de la muñeca derecha estaban lesionados. La oportuna intervención de los médicos, dirigidos por el experimentado traumatólogo Dr. Luis Saavedra, evitó que lo amputaran.

Si bien lograron salvarle el brazo, Donato súbitamente se convirtió en un discapacitado. Con su brazo derecho, totalmente inutilizado y cubierto de vendas, se le veía recorriendo consultorios y hospitales. Felizmente laboraba en una empresa del Estado, que cubría sus curaciones y le otorgaba descanso médico. Pese a todo, Donato se sentía inútil, como un muerto viviente. Para el hombre andino, la mano es algo básico.

La vida de Donato cambió drásticamente. Acabaron sus despreocupadas actividades y sus momentos de bohemia. Se sentía un lisiado y eso le hizo acercarse a la religión, pues cuando uno tiene serios problemas trata de buscar a Dios. Mientras tanto, la empresa y los médicos hicieron lo posible para trasladarlo a Lima en busca de una solución definitiva a ese inerte brazo. Hablaron de una posible microcirugía o cosas por el estilo. De esta manera Donato fue trasladado al Hospital Eduardo Rebagliatti, el mejor hospital de la época.

Donato llegó a Lima y el 15 de junio de ese año se internó en el imponente hospital del que se hablaba tanto. El nosocomio era tan grande pero escaso del calor humano que había en Huaraz. Allí le hicieron algunos exámenes y solo tratamiento médico planteando una probable intervención quirúrgica posterior. Al final no le dieron una salida concreta. Lo único claro era que debía estar en una completa inmovilidad durante 6 a 8 meses. Eso le creó un sentimiento de derrota y poca fe en la ciencia.

Cierto día, cuando se hallaba solo, postrado en el hospital, vio en el cielo unas luces y entonces recordó a sus amigos del espacio. A raíz de eso y por todo lo percibido en el hospital decidió dejar ese inmenso nosocomio y lo hizo pese a la oposición de los médicos. Salió del hospital casi huyendo el día 4 de julio. Al regresar a Huaraz, los facultativos y el personal asistencial sintieron gran frustración al conocer la actitud irresponsable de Donato. Solo quedaba esperar y posiblemente todo acabaría en una amputación.

Donato ya no tenía confianza en los doctores. La cosa se agravó cuando al poco tiempo el brazo se infectó y comenzó a gangrenar. En ese momento la única salida que tenía Donato era recibir ayuda de sus amigos del espacio. Buscó comunicarse con ellos. Esta vez era un clamor pidiendo ayuda y arrepintiéndose de haber sido tan ingrato con ellos.

La gangrena avanzaba. El codo estaba afectado. El brazo había sido reducido a un apéndice frío y seco, por lo que la única solución era, a juicio de los médicos, un brazo ortopédico. Eso no era accesible para Donato. El aparato ortopédico más barato, de fabricación brasileña, costaba alrededor de 11 000 soles.

El tiempo transcurría y el negativismo de Donato ante las proposiciones de los facultativos llegaba a su fin. Ya había rechazado cualquier intervención, quedando mal ante los médicos de Lima y de Huaraz, quienes se exoneraban de cualquier responsabilidad por lo que pudiera suceder.

En el mes de octubre de 1983, cuando los médicos del Hospital Central de Huaraz fijaron fecha para la amputación del brazo, Donato aceptó ese procedimiento. Días antes de la fecha fijada, Donato se hallaba en casa. Era sábado y todo era tranquilidad cuando vio por la ventana un resplandor que iluminaba la calle. Salió para ver que sucedía. Afuera comprobó que ese resplandor procedía de cierto lugar del campo. Fue hacia allá descubriendo que se trataba de un ovni. Donato se detuvo a prudente distancia y en ese momento de aquel aparato bajó un ser, quien le dijo que al día siguiente debía dirigirse a Chancos. En ese lugar se iba a llevar a cabo la anhelada curación.

Chancos es un conocido lugar situado en el distrito de Marcará, al noroeste de Huaraz. Su principal atractivo son sus baños termales adonde acuden peregrinos de diversos lugares. Allá fue Donato el 6 de octubre de 1983. Al llegar alquiló un cuarto en el Hotel Chancos y esperó.

Las horas transcurrieron y eran ya las 11:00 pm. La noche era oscura y silenciosa pues todos dormían. Solo se oía el discurrir de las aguas termales. De pronto, Donato vio detrás de unos cerros una luz. De inmediato salió del hotel y se dirigió hacia allá. Caminó por el frío descampado escalando las pendientes hasta llegar a una zona donde solo crecía ichu. Era casi las 12:00 de la noche cuando se vio parado debajo de un ovni. Había llegado el momento tan esperado. Un haz de luz bajó de la nave y Donato quedó dentro de ese haz de luz. Luego comenzó a escuchar las instrucciones de aquellos seres. Le dijeron que se despojara de su ropa. Así lo hizo y no sintió frío pese a que había una persistente llovizna. Luego, el haz de luz lo elevó a 50 metros del suelo. En ese momento le ordenaron que estirara los brazos. Al instante sintió una fuerte radiación en el brazo afectado, produciéndole notorio bienestar y creándole la sensación de haber sido curado. Luego fue descendido hasta la base del cerro. El ovni se marchó y el haz de luz desapareció. La noche volvió a reinar y el frío también. Todo el proceso de curación había durado dos minutos.

Donato, pese a la oscuridad, se dio cuenta de que la infección del brazo había desaparecido. Su brazo estaba restituido, pero no podía hablar. Sentía un extraño calor en el brazo, como si esa parte del cuerpo emitiera radiación. Jadeante y emocionado, Donato retornó al hotel. Al llegar a ese lugar continuaba sin poder hablar y lo atribuyó al hecho de estar emocionado. No era para menos. Su brazo lucía íntegro, sin ninguna huella de daño. La piel de ese brazo estaba casi blanca, como la piel de un recién nacido. Las uñas igual. El brazo tenía calor propio, capaz de hervir agua con solo un contacto.

Al amanecer y siendo las 7:00 am, fue a los baños y en ese lugar comenzó a extender el brazo, a moverlo y ejercitarlo. Era maravilloso y Donato no cesaba de agradecer a sus amigos espaciales.

Al llegar a casa, su esposa vio a Donato íntegro. Ya podía hablar. Llevaba el brazo cubierto con su ropa, por instrucción de aquellos seres. La señora, por curiosidad, se acercó para verlo, pero sintió mareos y náuseas. En las horas y días siguientes, otras personas al acercarse vomitaron y se desmayaron. Aquello era extraño.

Donato tenía un amigo periodista, llamado Raúl Flores, a quien anteriormente había confiado el asunto de su contacto con los extraterrestres y su inminente curación. Ese periodista había llegado a tomar fotografías al brazo maltrecho antes de su curación. Al retornar de los baños de Chancos, aquel periodista fue a su encuentro para tomarle otras fotografías postcuración y al hacerlo también presentó vómitos.

En Huaraz, el hecho no podía pasar inadvertido. Era como una curación milagrosa. La prensa local dio cuenta del suceso y también fue difundido a nivel nacional.

Ante el asombro de los médicos, Donato reinició sus ocupaciones habituales. Lo llamativo era ver que aquella mano emitía como una especie de radiación blanquecina durante el día y azulada en la noche. Con esa mano comenzó a detectar fallas en los aparatos electrónicos y mecánicos. Asimismo, al tocar a algunos enfermos comenzó a realizar curaciones.

En el año 1984 continuaban aquellas extrañas manifestaciones de su mano derecha. Esa mano emitía ondas de frecuencia modulada que captaban los receptores de radio. Asimismo, servía de micrófono. La prensa publicó esos hechos. Por ejemplo, el diario limeño *Extra* del lunes 25 de junio de 1984 publicó un artículo titulado «Mano humana emite ondas radiofónicas».

Donato no tardó en convertirse en un personaje público. Cierto día le invitaron a la inauguración de una emisora radial en Huaraz. Acudió a la cita y comenzó a ser entrevistado. En cierto momento de la entrevista, Donato dejó el micrófono y empleó su brazo derecho como un micrófono. En ese instante ocurrió algo raro, pues la voz de Donato se escuchó en cadena simultáneamente en todas las emisoras de Huaraz.

Mientras tanto, las comunicaciones entre Donato y sus amigos de aquella «Galaxia Celeste» continuaban, a distancia y directamente. Directamente, se producían en lugares desolados. Allí, los seres del espacio descendían y se acercaban a 5-6 m de distancia, no más cerca. Miraban a los ojos de Donato y entraban en comunicación mental. La duración de los diálogos era de 3 a 4 minutos, o sea, no eran extensos. Ellos eran altos, de 1,80 a 2,20 m de altura.

La relación entre Donato y esos seres se hizo más fluida, de tal manera que Donato se hizo como un servidor de aquellos forasteros. Ellos eran sus consultores. Cualquier decisión importante los consultaba con anticipación. En esas consultas estaban incluidas si debía hacer alguna declaración, si podía participar en algún evento, etc.

Transcurrió el tiempo y Donato se hizo popular en cierto sector de la población. Varios le buscaban y abordaban pidiéndole algún milagro. A veces el asedio era tan fuerte que Donato pidió a sus amigos del espacio que le quitaran esos poderes, pues quería tener un brazo normal como cualquier mortal. Sus pedidos fueron atendidos. El asedio del público disminuyó.

Transcurrieron años y Donato perdió comunicación con esos seres del espacio. Llegó el año 2000, el nuevo y esperanzador milenio. Donato Cervantes vivía en Huaraz donde tenía su propio taller de reparaciones y de mecánica.

La tercera curación

El día viernes 14 de marzo del 2008, día de Viernes Santo, Donato se hallaba en su casa. Era las 8:00 de la mañana y estaba cortando una vitrina de madera con una sierra eléctrica. Cortaba en línea recta cuando en un punto de la madera había un clavo incrustado. Allí la sierra cambió de dirección y cortó dos dedos de la mano derecha de Donato, el pulgar y el índice. Otro inesperado accidente volvía a afectarle.

Nuevamente Donato se sentía inútil sin poder dar uso pleno a su mano derecha. Al transcurrir las semanas, en los lugares de aquellos dedos se llegaron a formar muñones de extremo inerte.

Transcurrieron meses y Donato nuevamente suplicaba a sus amigos «forasteros» una curación. Ellos le plantearon dos posibles lugares de contacto: Huancayo o Arequipa, pues Huaraz estaba descartado. Finalmente optaron por una zona de la costa: el puerto de Eten. A ese lugar fue citado Donato.

El 31 de junio de 2008 Donato partió desde Huaraz a Chiclayo. El 1 de julio llegó al puerto de Eten. Bajó en la carretera Panamericana, a dos kilómetros del muelle del puerto de Eten. Desde allí inició una caminata de varios kilómetros rumbo hacia la orilla del mar. Durante más de tres horas caminó en pleno sol con dirección a la orilla del mar llevando un guante en la mano derecha. A las 6:00 pm estaba en la orilla. Allí se desarrolló el contacto y le dieron instrucciones precisas para la realización de una «curación solar».

Al día siguiente, siguiendo las instrucciones, se ubicó en el parque principal de la Av. Balta de la ciudad de Chiclayo. Allí se sentó. Era las 10:00 am y Donato procedió a sacarse el guante de la mano derecha. Ahí estaban sus muñones con olor a sangre de pescado. Sintió comezón en esos dedos y apareció una sustancia brillosa entre los dedos. Se iniciaba la regeneración. Entonces, Donato buscó a un fotógrafo ambulante que había en el parque y le dijo:

—Oye, amigo... sácame unas fotografías.

—Muy bien... ¿qué le pasó en su mano? —preguntó el fotógrafo.

Donato no dio mayores explicaciones y mantuvo la mano elevada directamente dirigida hacia los rayos del radiante sol. En ese momento los dedos a manera de jebe comenzaron a rellenarse minuto a minuto. Cada 5-7 minutos iba cambiando. Por momentos el índice parecía ser mas grande, pero pálido... luego aparecieron las uñas.

Al percatarse de ese fenómeno el fotógrafo se sorprendió y llamó a su colega:

—Oye, no sé, algo está pasando con ese señor. Cuando vine estaba como con una crema con olor a pescado en la mano. Ahora, a los 5 minutos, volteo y los dedos ya están... esto parece una obra diabólica.

Luego añadió:

—Esto es una magia y eso no va conmigo. Amigo, dame 20 soles y me retiro.

Su otro amigo fotógrafo continuó con el trabajo y sacó algunas tomas más.

A las 10:37 am había concluido la regeneración solar de aquella mano manteniéndose una iluminación celeste dentro de las uñas.

Las fotografías estuvieron listas a las 12:00 del mediodía. Llegaron los curiosos, hubo comentarios y todo un espectáculo. Donato optó por cortar todo eso y tomó un taxi rumbo al terminal de ómnibus que van a Trujillo. Fue un viaje tranquilo. Al llegar a esa ciudad compró un pasaje a Huaraz. El día 3 de julio ya estaba en su terruño mostrando, con lágrimas en sus ojos, sus dos dedos. En el extremo de cada dedo, a nivel de las uñas, se mantenía un color celeste que en las noches se mostraba fosforescente. Por ese motivo, debía mantenerlo cubierto con el guante por 15 días más. Así sucedió, luego los dedos volvieron a ser los de antes. Nuevamente su mano estaba salvada.

El sábado 15 de octubre de 1983 el diario Última Hora *de Lima difundió una nota periodística de su corresponsal en Huaraz, señor Ernesto Espinoza. En esa nota se dio a conocer la curación realizada a Donato Cervantes en los baños termales de Chancos. Así como ese reporte, este caso ha sido publicado por los diarios en varias oportunidades. Hay testigos y fotografías de las lesiones de la mano derecha así como de su proceso de curación.*

En el año 2001 el ufólogo peruano Anthony Choy estudió este caso y al final concluyó que era real. Llama la atención que luego de casi veinte años al fin un ufólogo visitó a Donato Cervantes en Huaraz para estudiar su caso. En los siguientes años el destacado médico e investigador Dr. Julio Acosta Navarro amplió aquellas investigaciones agregándole un enfoque médico y luego lo publicó en el libro Odisea en Los Andes *(1).*

En el año 2013 falleció Donato Cervantes al parecer debido a un infarto cardiaco. Su inesperada muerte truncó cualquier investigación científica que podría hacerse de su mano. Lamentablemente, en su oportunidad, su caso no mereció el menor interés de la comunidad académica (médicos, biólogos, físicos, ingenieros, etc.).

El 16 de junio de 1983, cuando estuvo internado en el Hospital Rebagliatti de Lima, se le hizo un examen de electromiografía. Ese examen fue revisado por el Dr. Julio Alfaro Mantilla, el más destacado neurofisiólogo de la época. La conclusión fue: «Lesión total del nervio mediano de la mano derecha a nivel de la muñeca». Si ese examen, tan simple, se le hubiera vuelto a realizar tiempo después de «la curación milagrosa» hubiera significado una prueba contundente. Si el resultado de ese examen fuera que el nervio mediano estuviera OK no habría explicación científica que nos diga cómo fue reparado sin una intervención de microcirugía (injerto de nervio periférico, etc.). Esas técnicas actualmente se realizan, pero sabemos que en el caso de Donato en el Hospital Rebagliatti no se le hizo.

Como comentario final, se puede decir que el primer encuentro fue un caso de abducción frustrado que culminó en un accidente. Indudablemente aquellos seres tenían como objetivo contactarse con Donato. Se ignora el motivo. Donato era un mestizo andino; es decir, una persona «común y corriente». Con el tiempo se produjo una especie de vínculo entre Donato y esos seres, con una suerte de claves de comunica-

ción mantenida a lo largo de décadas. En una oportunidad Donato dijo que él no podría usar teléfonos celulares porque estos instrumentos bloquearían la comunicación que tenía con sus amigos del espacio. ¿Acaso le pusieron una especie de implante?

Si bien Donato fue un contactado, nunca dejó sus ocupaciones habituales como mecánico y otros oficios para llegar a ser un conferencista, escritor o líder espiritual. No hizo ese salto para convertirse en un divulgador. Sin lugar a duda, Donato llegó a conocer otras cosas y esos secretos los llevó a la tumba.

Y Donato fue elevado 20 metros por ese potente haz de luz.

LAS MANOS QUEMANTES
(1976)

El camión llegó a ser un fiel servidor para los pueblos andinos.

Cuando los caballos pasaron al desuso y se construyeron las tortuosas carreteras por las montañas, valles y planicies, los camiones se adaptaron fácilmente a ese difícil ambiente. Al inicio eran rústicos y de madera, pero lo más importante eran sus motores y las llantas. Aunque su marcha era lenta y pesada, servía para todo uso, desde hacer el rol de bus llevando pasajeros hasta llevar animales o productos agrícolas. Con el paso de los años se hicieron más sofisticados y se especializaron según el tipo de carga que llevaban.

En el Altiplano los camiones cumplieron un importante papel. Las carreteras sin asfaltar, el frío y la altura no fueron obstáculos para ese noble vehículo. En aquellos años los buses u ómnibus para pasajeros eran escasos. Los viajes interprovinciales en aquellos vehículos se hacían una vez al día o tres veces a la semana. El tren era de uso masivo, pero su ruta era limitada, desde Puno hasta Cuzco y Arequipa. En ese escenario, el camión resultó ser un recurso básico y oportuno. Aquel vehículo no ponía límites de horario ni discriminaba su carga. Aunque llevaba cierto tipo de cargamento no tenía problemas en recoger a algún pasajero en el camino. Su marcha era lenta pero segura. Por las solitarias carreteras del Altiplano se le veía surcar o detenerse en el camino por diversos motivos. En ese sentido, no era llamativo ver detenido a un camión en la solitaria puna mientras sus conductores descansaban, comían o revisaban al vehículo o a su carga.

Cuando algún vehículo se acercaba, el camión se detenía unos instantes y sus conductores se saludaban entablándose un breve diálogo, al término de los cuales el vehículo continuaba su viaje.

Ese era el panorama que había en la ruta, por ejemplo, desde la ciudad de Puno hasta Macusani, llamada Ruta Norte o Corredor de los Quechuas, por su cercanía al Cuzco; mientras que desde Puno hacia el sur estaba el Corredor de los Aymaras que unía diversos pueblos de habla aymara, más vinculados a Bolivia que los pueblos del norte y oeste de Puno.

La ruta norte partía desde la ciudad de Puno o Juliaca llegando hasta Ayaviri, capital de la Provincia de Melgar. Desde allí se iniciaba un largo y pesado camino hasta Macusani, capital de la Provincia de Carabaya. Esa provincia estaba vecina a la selva y tenía una geografía de contrastes, luciendo desde cordilleras de 5000 msnm hasta verdaderas junglas.

El presente relato tiene como protagonistas a Leoncio Jara Torres, de 55 años de edad, y su esposa Elena Dueñas, de 50 años de edad. Ellos eran naturales de Ayaviri y frecuentemente recorrían la llamada Ruta Norte, siempre acompañados del noble camión.

El día 13 de septiembre de 1976 la referida pareja de esposos se hallaba viajando en el tramo que va desde el pueblo de Ollachea hasta Macusani. El viaje en el camión era tranquilo y el camino estaba libre de lluvias. Nada fuera de lo común ocurría. Se encontraban en Accopampa, perteneciente al distrito de Corani, Provincia de Carabaya, cuando el camión hizo su acostumbrada parada mientras que la tarde ya se iba y llegaba la noche. Mientras el camión estaba detenido, la pareja de esposos se puso a observar el ambiente cuando súbitamente, en la carretera y a 30 metros de distancia, aterrizó una nave. No hizo gran ruido, pero su gran luminosidad sorprendió a los esposos. Ellos se quedaron quietos observando al aparato volador. La nave era de forma discoidal, de 20 metros de diámetro y 3 metros de altura. Tenía dos ventanas a los costados. De pronto, de la nave descendieron dos personas portando dos potentes linternas que casi enceguecen a la pareja de esposos. Eran dos señores de aproximadamente 1,75 metros de altura y no vestían de manera extraña. Es decir, su apariencia era como cualquier persona de la ciudad.

Caminaron hacia el camión y se acercaron a la caseta del vehículo donde se encontraban los esposos. Luego, en forma simultánea y sin decir palabra alguna, extendieron uno de sus brazos y con los dedos extendidos tocaron con su palma la espalda de los esposos. Inmediatamente la señora se desmayó mientras que Leoncio sintió que la palma de aquella mano le transmitía un calor intenso que le llegaba hasta los huesos. Leoncio estaba pasmado, como hipnotizado, observando a los dos visitantes. Estos, luego de las palmadas, voltearon y caminaron hacia su nave. Subieron y a continuación el aparato volador se elevó verticalmente para después hacer un giro y perderse con dirección a Macusani. Toda esta experiencia había durado alrededor de un minuto, pero para la pareja de esposos fue como una eternidad.

⚬⚬⚬ ⚬⚬⚬

Este caso fue publicado en el diario limeño La Prensa *el miércoles 15 de septiembre de 1976, escrito por Félix Gutiérrez, del referido diario.*

Cuando aterriza un platillo volador el común de la gente espera ver salir de esa nave a dos hombrecitos verdes con antenas. La sorpresa se da cuando salen dos personas con apariencia humana y vestidos como nosotros. No es fácil explicar este hecho. Unos dicen que se trata de naves y tripulantes terrestres de tecnología secreta. No hay mucho fundamento en esas explicaciones. Otros dicen que esos seres son humanos que vienen del futuro. Otros, que son extraterrestres que adoptan forma humana para infiltrarse. Por último, hay quienes afirman que se trata de seres humanos secuestrados por los extraterrestres desde tiempos remotos y llevados a sus mundos para formar colonias. Luego son entrenados para hacer viajes a la Tierra y cumplir misiones. Estos, hijos de humanos secuestrados, pueden respirar nuestro aire y desenvolverse en nuestro planeta sin dificultad. En suma, no está dicha la última palabra.

Vale la pena comentar acerca de las manos de los extraños visitantes. Esas manos no estaban ardiendo ni tenían luminosidad. Sin embargo, al contacto con la piel humana quemaban. Probablemente no solo las manos tenían ese efecto sino todas las partes del cuerpo, como si estuviesen irradiadas. Por naturaleza, todos los cuerpos, incluido el de nosotros, emite radiaciones. En nuestro caso son de magnitud ínfima; en el caso de los extraterrestres sería de mucha mayor magnitud.

Existe un caso algo similar ocurrido el 16 de enero de 1977 en Ticlio, zona de altura situada entre Lima y Junín. El protagonista también era camionero. Su nombre era Guillermo Ríos de los Ríos y era natural de Huancayo. Él se hallaba transportando un cargamento con destino a Lima. En tal circunstancia se malogró una llanta del camión. En la desolada noche se puso a repararlo. De pronto vio unas luces acercarse y detenerse a cierta distancia, en plena carretera, como si fuera un vehículo. En ese momento se acercaron dos jóvenes de apariencia limeña o costeña. Tenían porte atlético. Ellos le brindaron ayuda. Al momento de despedirse, uno de ellos puso las palmas de sus manos en el pecho del Sr. Guillermo. Inmediatamente él perdió la conciencia. Despertó a la entrada de Casapalca sentado con las manos en el timón. Había conducido su vehículo durante una hora, pero nada recordaba. Más tarde observó que esas manos le habían dejado unas huellas en su pecho. Allí tenía las marcas de las dos manos. Esas marcas demoraron casi cinco años en desaparecer. Este caso fue investigado por el ufólogo huancaíno José Herrera Batallanos. Tiempo después, en el año 2005, también fue estudiado por el ufólogo Anthony Choy.

Frente al camión descendió un disco volador. De allí salieron dos hombres con linterna en mano.

¿REPTILOIDES EN HUANUCO?
(1977)

Era los últimos días del mes de diciembre de 1977 en el tranquilo distrito de Barranco, Lima, Perú. Llegaba el radiante verano y eso alegraba a los bañistas, quienes acudían a las playas a refrescarse con las olas del frío mar del Pacífico. Casi al borde del acantilado, antiguas y amplias viviendas adornaban el paisaje y muchos jóvenes, en traje de baño, caminaban por las calles con pelotas y tablas de natación en mano. Sin embargo, como para contrastar todo ello, un sereno y serio varón se acercaba, lentamente, a la esquina del Jr. Junín y se detenía en una sencilla puerta para tocarlo. Era el antropólogo ecuatoriano Cesar Vásquez Fuller, quien había llegado al Perú en una expedición *sui generis* y la vivienda era el local del Instituto Peruano de Relaciones Interplanetarias (IPRI).

Un amable saludo recibió al antropólogo y sus acompañantes. Fueron invitados a sentarse en la sala-oficina del instituto. Al poco tiempo llegaba el Sr. J. Carlos Paz García, fundador y presidente del IPRI.

Luego de la presentación de rigor, ambas personas iniciaron una animosa conversación pues los dos eran entusiastas estudiosos de la vida extraterrestre. Todo era magnífico hasta que el antropólogo le comunicó el motivo de su visita al Perú: hacer una expedición a Huánuco para un probable encuentro con extraterrestres. El Sr. J. Carlos Paz debió sorprenderse, pues él, quien era la persona más entendida en la materia en el Perú, no tenía datos acerca de alguna presencia alienígena en Huánuco o en todo caso su colaborador en Huánuco, el ufólogo Raúl A. Córdova, no le había informado al respecto. Cuando el Sr. Paz le preguntó que datos le indicaban acerca de la presencia alienígena en ese lugar, el antropólogo dio argumentos vagos y subjetivos, pero manifestó estar totalmente convencido que algo iba a lograr en esa expedición. Le dijo que el propósito de su visita al IPRI era contar con la presencia del Sr. Carlos Paz en la expedición. El Sr. Paz insistió pidiéndole verdaderas explicaciones o mejores argumentos. Al final, el antropólogo le confesó que él y su grupo mantenían comunicación telepática con extraterrestres. Una de ellas, llamada Blonda, les había dado la directiva de viajar a cierto lugar de Huánuco. Al oír eso, el Sr. Paz rechazó la invitación, causando desilusión en el antropólogo. Tal vez los ilusos argumentos del antropólogo no lograron entusiasmar al presidente del IPRI, quien, además, era una persona de edad y eran lejanos los años en que le era fácil viajar en cualquier momento y a cualquier lugar del amplio y difícil territorio peruano.

El antropólogo ecuatoriano se retiró del local del IPRI algo desilusionado y a los pocos días él y sus tres acompañantes emprendieron el viaje a Huánuco sin compañía de los miembros del IPRI.

La experiencia

Los expedicionarios llegaron a Huánuco y siguiendo las indicaciones de la supuesta extraterrestre, se dirigieron hacia La Florida, un lugar accidentado de la serranía. Con mochilas en las espaldas y ayudados, en algunos tramos, con burros llegaron hasta el caserío La Florida. Luego avanzaron por la hacienda Rondo, hasta llegar a Nauyán, donde decidieron pernoctar. Al día siguiente continuaron su marcha hasta llegar a Cashapampa, distrito de Rondos, donde establecieron un campamento. Habían llegado a su destino y solo quedaba esperar.

Cashapampa era un lugar estrecho, situado entre las estribaciones de dos cerros: Las Cruces y Curijuto. En esa zona realizaron un reconocimiento al terreno hallando tres círculos de 50 cm de diámetro cada uno y que formaban un triángulo equilátero. Extrañamente en el interior de esos círculos no crecía vegetación alguna, mientras que alrededor había abundante pasto. Eran horas de la tarde y todo era silencio en aquel lugar.

Los expedicionarios se organizaron. Roberto Alessandrini debía quedarse en el campamento haciendo la vigilancia. El antropólogo Vásquez debía escalar el cerro Curijuto por la parte occidental y Augusto Rodas, el cerro La Florida por la parte oriental. Por su parte, Jorge Álvarez debía buscar agua para abastecer al campamento. Así quedó establecido y cada cual fue a su destino.

Jorge Álvarez fue en busca de un riachuelo y caminó un kilómetro con galoneras de plástico en mano. Al final pudo ubicar un riachuelo. Se acercó al lugar y cuando se disponía a sacar agua cayó en un pantano. Su desconocimiento del lugar le hizo angustiarse más y no pudo salir. Poco a poco comenzó a hundírse hasta cerca de las rodillas. En ese momento vio aparecer a cuatro seres de menos de 1,20 m de altura, de piel verde y escamosa, cabeza algo grande, con tres dedos en las manos y ojos reptiloides. Dos de ellos, en silencio y rápidamente, se acercaron y lo agarraron sacándole del pantano. Luego le colocaron en un lugar seguro. Los otros dos tomaron las galoneras plásticas y procedieron a llenarlas de agua. En ese momento José Álvarez se desmayó.

Transcurrió alrededor de una hora y José despertó. Sentía bastante frío. A su lado estaban las dos galoneras llenas de agua. A duras penas se incorporó y avanzó un poco, pero de nuevo se desmayó. Al poco rato se incorporó y se quedó sentado en el suelo. Al parecer, lo vivido y la altura de la sierra le estaban afectando. En ese estado fue hallado por sus compañeros y conducido al campamento.

Al llegar la noche, en lo oscuro del cielo poblado de estrellas, los expedicionarios vieron pasar varios ovnis en varias direcciones y eso les hizo olvidar el intenso frío que hacía y el fuerte viento que anunciaba la lluvia.

En el trayecto del retorno, algunos pobladores les dijeron haber visto una semana antes una gran nave posándose en el cerro de Curijuto. Asimismo, algunos afirmaron que en aquel cerro vivían unos «gringos».

Transcurrió una semana cuando el antropólogo y sus acompañantes tocaban de nuevo las puertas del local del IPRI. Era noche y acababan de llegar por vía aérea a Lima procedentes de Huánuco. Se hallaban entusiasmados por la experiencia vivida e inmediatamente narraron lo sucedido a los miembros del IPRI. Luego retornaron a Ecuador.

⁓ ⁓

El relato de los expedicionarios hizo que, en una asamblea, el IPRI decidiera añadir a Huánuco como un destino para sus expediciones de ese año. En el mes de julio de 1977 viajaron a Huánuco. Al llegar, el ufólogo de ese lugar Raúl Córdova les informó que no había obtenido informaciones sobre alguna presencia extraterrestre en Cashapampa. Dijo que viajar a ese inhóspito lugar seria en vano y que más bien había noticias de la presencia de extraños seres en Cayran, situado a solo 20 minutos de la ciudad de Huánuco. Se dirigieron allá. Al llegar, los pobladores de ese lugar les informaron que se producía apariciones de una virgen, a la que llamaban «La Purísima». Ella estaba refugiada en una cueva situada en una colina en las afueras del caserío Cayran. A cierta hora se escuchaban campanas y entonces los pobladores acudían a su encuentro llevándole comidas y ofrendas. También acudían enfermos para ser curados.

El grupo, luego de varias peripecias, pudo ubicar a La Purísima. No era una estatua. Era una pequeña mujer. Tenía alrededor de 70 cm de altura, con cabello dorado, ojos verdes y tez rosada, como una muñeca. Vestía como la Virgen. Al verla, a escasos 10 metros, el Sr. Carlos Paz se emocionó y comenzó a decirle muchas cosas. Ella nada le respondió. Cuando el grupo comenzó a acercarse, «ella», flotando, se dirigió a la entrada de la cueva e ingresó caminando a ese recinto. La entrada de la cueva era pequeña. Entonces el grupo animó a un niño a que ingresara a ese lugar. Este entró gateando. Luego de cinco minutos salió con el vestido manchado de tierra. Dijo que adentro estaba la virgencita escoltado por dos ángeles alados. El grupo insistió encargándole al niño que dijera a la Virgen que querían verla de nuevo, solo para conversar. El niño ingresó y regresó anunciándole la negativa de la Virgen.

El grupo regresó a la ciudad de Huánuco e informó a la Universidad Herminio Valdizan de ese suceso. De inmediato los medios de comunicación difundieron la noticia. Al día siguiente, miles en caravana se dirigieron a la zona y La Purísima nunca más apareció.

Este caso fue publicado en el año 1995 por el propio José Carlos Paz García, el padre de la ufología peruana, en su libro Y conocimos gente de otros mundos (27). Asimismo, en el año 2011 el literato huanuqueño Edmundo Panay Lazo lo narró en su libro Entrevientos y Jirkas (24). Igual hizo el escritor de esa región Dr. Virgilio López Calderón en un texto denominado Cuando los extraterrestres bajaron en Cayran.

El caso de La Purísima, sin lugar a duda corresponde a una aparición mariana. Su indumentaria, su predilección en comunicarse básicamente con niños, etc., nos hace ver que se trató de uno de los numerosos casos de apariciones de la Virgen en el mundo andino. Esas apariciones se registran desde la época de la conquista. Es un fenómeno real, pero explicarlo es más complicado que explicar el asunto de los ovnis y eso no es el propósito de este libro.

Continuando con el caso de La Purísima, en años recientes el ufólogo huanuqueño Manuel Llanos fue a la zona y entrevistó a los testigos, antes niños, quienes reafirmaron sus testimonios y señalaron que eran alrededor de tres seres de talla pequeña y vestimenta de túnicas. A veces se movían flotando al ras del suelo y su morada era aquella cueva. Ese lugar estaba iluminado por una especie de campana luminosa de color lila. Esos seres, para su comunicación con la población, tenían predilección por los niños.

El ufólogo Llanos también tuvo conocimiento acerca de un encuentro cercano ocurrido en el cerro Huancanyacu, en el distrito de Cayran, en el año 1976, cuando el profesor Valverde y un grupo de alumnos del colegio del lugar pudo ver una nave descendiendo en un cerro cercano y salir de ese lugar a unos seres pequeños. Este suceso y el caso de La Purísima serían dos casos totalmente diferentes.

Con respecto a los reptiloides. La experiencia del antropólogo César Vásquez y su grupo fue publicado en el diario español El País *el miércoles 12 de enero de 1977. Asimismo, en el año 1990 fue publicado por los investigadores británicos Janet y Colin Bord en el libro* Misterios inexplicables del siglo XX *(8).*

Hablar de reptiloides o reptilianos es un tema complejo y polémico. Unos dicen que son extraterrestres que llegaron hace buen tiempo y que viven en el subsuelo. Otros dicen que son razas de reptiles que continuaron evolucionando hasta llegar a poseer inteligencia. A diferencia de los países de otros continentes, en el mundo andino actual son escasos los reportes de reptiloides. El investigador puneño William Variza recogió la versión de unos comuneros acerca de la aparición de un ser reptiloide en Lupesani, Puno, hace varias décadas. Este ser, al verse descubierto, se introdujo en el lago Titicaca. El destacado ufólogo arequipeño Rafael Mercado Benavente estuvo en esa zona investigando este caso.

Si bien en la época actual casi no hay reportes de reptiloides en el mundo andino, hay representaciones de esos seres en cerámicas, telas y piedras preincaicas. Algunos representan a reptiloides con tres dedos (tridáctilos). Al parecer en el pasado hubo presencia de ese tipo de seres en la costa sudamericana y en Los Andes.

Jorge Álvarez cayó en un pantano y fue socorrido por unos seres reptiloides.

UN XENDRA EN BOLIVIA
(1980)

Todo se remonta al año 1972, cuando Luis Fernando Mostajo Maertens, un niño de 8 años de edad, natural de Cochabamba, Bolivia, comenzó a tener extraños sueños donde veía discos luminosos sobrevolando su casa.

Al transcurrir el tiempo su mamá llegó a desarrollar actividades consulares en Tacna, Perú. En ese lugar ella logró tener cierta vinculación con el grupo Rama.

La señora asistía a un grupo que desarrollaba experiencias psíquicas. En sus reuniones les llegó un mensaje de supuestos extraterrestres que les pedía dirigirse a Chuschuco cierto día y a determinada hora. Chuschuco estaba situado a 50 km de la ciudad de Tacna.

El 8 de diciembre de 1977 el grupo, donde también se hallaba Luis Fernando, se dirigió a ese lugar y a la hora indicada vieron a dos ovnis a una altura de 2000 metros.

Aquella experiencia en Chuschuco hizo que Luis Fernando, pese a su corta edad, se integrara al grupo Rama. Sin embargo, su gran experiencia de contacto le sucedería en el año 1979 en La Paz, cuando el naciente grupo Rama de Bolivia, en contacto mental con los guías extraterrestres, fue convocado «por ellos» a dirigirse al Sector Ánimas, en el sur de la ciudad de La Paz, el 27 de marzo a las 21:00 de la noche.

El grupo acudió a la cita y a la hora señalada hicieron su aparición cinco naves de forma lenticular y de color amarillo intenso. Se hallaban a 2000 m de altura y emitían haces de luz de forma circular y de diversos colores con dirección al suelo. En aquella oportunidad, Luis Fernando contaba con 15 años de edad y ya tenía comunicaciones telepáticas con los denominados guías extraterrestres.

El xendra

Las experiencias continuaron. El 12 de enero de 1980 el grupo se dirigió a Huayana, Potosí, Bolivia. Allí, en la noche, apareció una nave lenticular en lo alto del cielo y proyectó un rayo de luz al suelo formando un domo luminoso cerca al lugar donde estaba el grupo. Esa formación luminosa era un xendra y el grupo se acercó logrando ingresar a su interior. Allí tuvieron sensaciones extrañas, predominando la serenidad y el amor. Luego pudieron ver, en dicho xendra, a un ser alto, de piel canela y de cabellos rubios, con ojos algo oblicuos y prominente mentón. Ese ser era un guía extraterrestre. Era la primera vez que Luis Fernando veía a un guía extraterrestre pues siempre sus comunicaciones eran mentales.

Experiencias como esta hicieron madurar al adolescente Luis Fernando, quien, poco a poco, fue convirtiéndose en un destacado contactado. Su madre le ayudó a no apartarse de los límites de la sensatez. Por ese motivo, a diferencia de algunos, Luis Fernando concluyó su carrera universitaria y llegó a ser un empresario.

El avistamiento previa cita

Transcurrieron los años y Luis Fernando no pasó de ser un desconocido contactado de un país andino y tercermundista hasta que ocurrió el notable caso de Voronezh en la Unión Soviética. A raíz de ese caso, esa potencia se interesó en el tema ovni.

A inicios de diciembre de 1990, Valentín Uvarov, corresponsal de la agencia soviética TASS en La Paz, abordó a Luis Fernando y le hizo una serie de entrevistas. Al final le pidió que consultara a sus guías extraterrestres si podrían mostrarse ante ellos. Ese pedido le puso a Luis Fernando en una situación difícil. Dos meses antes se había anunciado el final del grupo Rama. En ese momento Luis Fernando no tenía acceso a Sixto Paz u otro líder de ese movimiento para consultarles. Se encontraba solo. Sin embargo, aquella incierta noche logró obtener el mensaje de su guía diciendo que el avistamiento solicitado se haría realidad el 15 de diciembre en Sector Ánimas, al sur de la ciudad, a las 20:00 de la noche.

El día indicado, a las 5 pm se reunieron a la salida de la ciudad. La expedición estaba conformada por: Valentín Uvarov y Milenka, su compañera de trabajo, Fernando, David y Jorge, del grupo periodístico boliviano *Enfoques* (revista dominical de TV) y Mario, del periódico boliviano *El Diario*. Todos, en dos automóviles, se dirigieron hacia las montañas del Sector Ánimas. Al llegar a su destino se ubicaron en el lugar elegido, que era una pequeña colina. Abajo estaba el valle y al frente, el nevado de Illimani. La escena era imponente y les permitía ver el profundo valle y las altas cumbres.

La tarde ya se iba y con la debida anticipación los periodistas se dedicaron a ubicar sus cámaras. Luego se pusieron a conversar acerca de diversos temas esperando la llegada de las 8:00 de la noche. Poco a poco la oscuridad invadió el ambiente. El cielo estaba cubierto de nubes en varios sectores. De esta manera llegó la hora indicada. En ese momento Milenka, mirando a cierto lugar, exclamó:

—¿Qué es eso que se está moviendo?

—¿Dónde? —preguntó Luis Fernando.

—¡Atrás tuyo!

Luis Fernando volteó y vio que una nave descendía ubicándose entre los cerros. Entonces gritó:

—¡Ahí están, son ellos, son los guías!

La emoción se apoderó de los invitados, unos exclamaban, otros se disponían a accionar sus aparatos, pero los nervios los traicionaban. Finalmente, Jorge, camarógrafo de *Enfoques*, gritó:

—¡La tengo, la tengo, la estoy filmando!

La nave se veía como un disco amarillo intenso que en forma lenta se iba acercando hasta situarse encima del grupo. De pronto hizo un giro de 90° y se perdió entre las alturas. Todo el suceso había durado un minuto, de los cuales 40 segundos habían sido grabados.

En los días siguientes la filmación fue presentada al público por diversos medios y las entrevistas a Luis Mostajo se multiplicaron.

━ൡ━ ━ൡ━

Este avistamiento hizo que Luis Mostajo se convirtiera en un conocido contactado. Escribió varios libros. En uno de ellos, llamado Tres días con los maestros en la abadía de los Siete Rayos *(22), narró su experiencia con los periodistas de la Agencia TASS.*

El concepto de «xendra» es casi exclusividad del grupo Rama (25). Según ellos, desde el inicio de sus experiencias, en el año 1974, sus guías extraterrestres emplearon el xendra como medio para interactuar con los jóvenes contactados. El xendra es como una cápsula que tiene su propio espacio-tiempo, como si fuera una puerta dimensional. No es una nave. Se le observa como una tenue neblina en forma de domo que aparece sobre el suelo. Cuando la persona ingresa allí experimenta diversos

fenómenos: visualización de sus guías, experiencias psíquicas, teletransporte, visión del futuro, recepción de mensajes, etc.

El tamaño del xendra varía permitiendo el ingreso de una persona
o de un grupo o de naves enteras. Por lo general, para que aparezca el
xendra siempre hay una nave de por medio. A veces la nave se halla
arriba, camuflada entre las nubes. La nave genera la aparición del
xendra y su posterior desaparición. Eso quiere decir que los extraterrestres forman el xendra bajo ciertas condiciones ambientales y físicas.

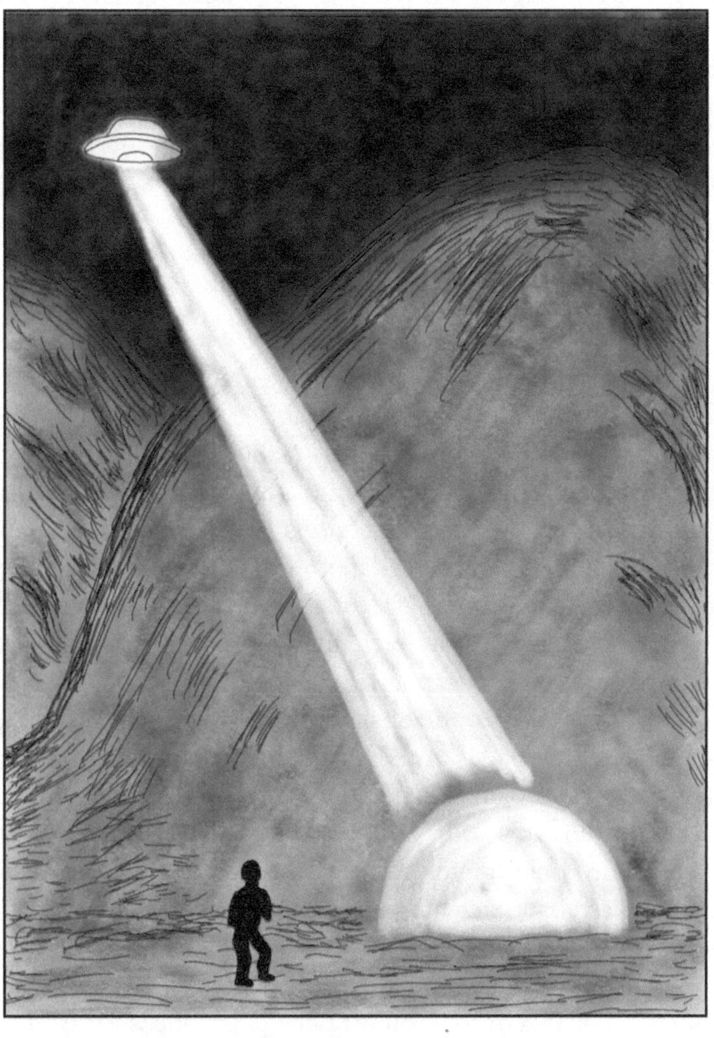

Y Luis Fernando ingresó al interior del xendra.

LA BASE EXTRATERRESTRE
(1982)

Es cosa corriente en nuestra civilización defender fronteras, ansiar territorios y dominar naciones.

Argentina e Inglaterra se disputaban la soberanía de Las Malvinas. Este litigio se encontraba a nivel de la ONU desde el año 1960. Es decir, un país andino contra una antigua potencia.

Ricardo Jesús Velásquez había nacido en Mendoza, Argentina. Era un albañil, pero también era un jugador profesional de fútbol. Por ese motivo se le veía entrenando en la ciudad o en la periferia, sobre todo cuando se acercaba un partido importante.

El primer encuentro

El 23 de febrero de 1981, a las 8:00 de la mañana, Ricardo se hallaba corriendo por unas colinas en las afueras de Mendoza. Corría bajando por un cerro de 30-40 metros de altura cuando tropezó con dos personas. Ellos estaban al pie del cerro junto a unos arbustos. Eran altos, de una estatura de 1,85 a 1,90 m. Su contextura era delgada, pero musculosos. Tenían pelo castaño y vestían un traje de color oscuro semejante a los que practican karate. Uno de ellos proyectó un haz de luz que cayó en el pecho de Ricardo haciéndole detener. Esa luz le ocasionó unas quemaduras en el cuerpo.

Hecho esto, esas dos personas voltearon y se dispusieron a marchar. Entonces Ricardo les gritó e insultó. En ese momento Ricardo se dio cuenta de que si bien esas personas estaban parados, flotaban a 30 cm del suelo. Ellos voltearon y le dijeron que no debía enojarse, menos gritarles. Eso le «dijeron» telepáticamente. Añadieron que si él quisiera saber que estaban haciendo allí les invitaban a ir con ellos. Luego, sin esperar respuesta, se colocaron a cada lado de Ricardo y se deslizaron, sin caminar ni moverse. Ricardo también lo hacía, llevado por esos sujetos. Los tres bordearon otro cerro. Entonces Ricardo vio una gran luz flotando cerca del suelo. Llegaron a esa luz y se introdujeron en ella. Adentro había otra luz y también lo atravesaron. Luego aparecieron en una sala oval que estaba iluminada por una neblina amarilla. Delante de Ricardo se hallaba una pantalla grande, del tamaño del parabrisas de un coche. Frente a la pantalla había un asiento flotando en el aire, con un cojín del mismo color de la habitación. En ese ambiente se hallaban cuatro hombres. Uno situado a la derecha de Ricardo, otro a su izquierda y dos frente a él. El de la derecha estaba quieto. Los demás al parecer operaban los controles de las máquinas. Esas máquinas eran semejantes a las mesas que usan los dibujantes, pero estaban llenas de controles con luces que se encendían y apagaban.

En un momento dado se escuchó un zumbido agudo. Inmediatamente los extraños seres empezaron a moverse. En la pantalla comenzó a verse el terreno del ambiente exterior. Comenzó el viaje y por la pantalla se veía que iban por entre los cerros. Ricardo reconoció esos lugares. Era las afueras de la ciudad Tupungato. Después se vio otro lugar al que los alpinistas llaman «La laguna azul». Luego los diques *Frías* y *Maure*, la zona Chagra, etc. La nave pasó por esos lugares. Luego se dirigió a la cordillera de Los Andes. Allí dio una media vuelta y apareció en la pantalla una típica montaña rocosa andina de color marrón. Entonces la nave se puso en un ángulo de cara a la montaña. En ese momento uno de los seres se dirigió a otra máquina de esa nave y el zumbido creció. En la pantalla se veía que se acercaban velozmente hacia esa montaña. El choque era inminente. Ricardo sintió pánico. En el momento del impacto, la montaña «se abrió», dejando un enorme hueco sin forma. Por allí entraron, al hacerlo «la puerta» de la montaña se cerró. Recorrieron el interior de la cordillera. Avanzaron a una velocidad de 125-150 km por minuto. En ese momento la luz se apagó durante 2-3 segundos. Durante el periodo en que se apagó la luz habrían recorrido 4-5 km dentro de la montaña.

Todo había sucedido tan rápido y al parecer habían llegado a su destino. Estaban en un hangar iluminado por la misma luz amarilla. Salieron de la habitación tan igual como habían llegado: atravesando las dos luces. Ricardo siempre estaba acompañado de dos seres, uno a cada lado. El que estaba a la derecha atravesó una pared. No había puertas en ese lugar. Ricardo y los otros le siguieron a tres metros de ese ser, deslizándose y atravesando las paredes. En el primer local había diez seres trabajando con máquinas semejantes a computadoras o televisores donde se veían diversas imágenes. Ingresaron a un cuarto local, más grande, donde había una enorme pantalla de 6 × 6 m donde se podían ver escenas en tercera dimensión. El ser que iba adelante se detuvo en una máquina con controles y preguntó a Ricardo si quería ver cosas del pasado, presente o futuro. Ricardo aceptó. En la pantalla se vio una ciudad vacía, con edificios perfectos. Ricardo se imaginó que era la Atlántida. Luego, en la pantalla gigante 3D comenzó a verse la formación de la Tierra, es decir, el pasado más remoto. Luego se vieron unas guerras: en Libia, Israel y después en Argentina.

Los extraterrestres le explicaron que existen varias razas en nuestro planeta. Cuatro o cinco razas viven paralelamente. La mas vieja es de los atlantes. Ellos viven en túneles subterráneos que tienen salidas a los polos. Así mismo le mencionaron que hubo una guerra civil en la Atlántida. Luego le narraron otros hechos del pasado.

Llegó la hora del regreso. Lo hicieron siguiendo el mismo recorrido y siempre con los dos seres al lado de Ricardo. Al final le dejaron en el mismo lugar de donde había sido recogido. Entonces ellos se marcharon ingresando a la luz. Ricardo estaba libre. Corrió a casa, situado a 6 km. Todo el encuentro había durado cerca de una hora.

El segundo encuentro

Siete meses más tarde, en el mes de noviembre, Ricardo caminaba en plena noche rumbo a la casa de su cuñado cuando vio una pequeña luz cerca al suelo. Esa luz se fue agrandando y se materializó un ser. Este tenía un traje oscuro y le dijo por telepatía: «vamos a tener otro encuentro». Luego entró a la luz y desapareció.

El tercer encuentro

El 23 de febrero de 1982 Ricardo otra vez corría por las colinas pues se estaba preparando para otro partido de fútbol. En tal circunstancia nuevamente se encontró con ellos. En esta oportunidad le llevaron al mismo hangar subterráneo. Allí de nuevo observó la pantalla grande. En la escena aparecieron el polo sur, los témpanos de hielo y las batallas. Se trataba de una guerra en Las Malvinas. Le enseñaron toda la guerra: los combates, los helicópteros, los barcos, etc. Al final del encuentro retornaron por debajo del dique de una central hidroeléctrica, por el agua. Le dejaron cerca de su casa, a 4 km de distancia. Ese día Ricardo llegó mal de salud. Se mostró confundido durante 20 días. Luego se recuperó.

Al transcurrir los días alguien le recomendó ver al ufólogo Sr. Faruk Allen, representante de FAECE en Mendoza. Faruk lo recibió con interés e hizo la entrevista respectiva. Esa entrevista lo grabó en un casette e hizo copias. Una copia la envió al ufólogo Pedro Romaniuk. Este la entregó a las fuerzas armadas de Argentina. Es conocido que algunos ufólogos trabajan estrechamente con los ejércitos y los servicios de inteligencia de sus países.

De esta manera, el servicio de inteligencia del ejército argentino supo que cierta persona sabía algo de un asunto que era ultrasecreto: la próxima invasión de Las Malvinas por parte del ejército argentino. De inmediato detuvo a Ricardo. Lo interrogó y al oír su fantasioso relato lo torturó. Lo mismo hizo con la gente más allegada a él. Debemos considerar que en esos años Argentina estaba gobernada por la dictadura militar del general Videla. Al final Ricardo quedó con hematomas y con un brazo roto.

En el mes de abril de 1982 Argentina invadió Las Malvinas. Comenzó la guerra. La respuesta de Inglaterra fue contundente. El 4 de junio de ese año Argentina se rindió.

Ricardo, por su parte, llegó a trabajar como empleado en la casa de Atilio Spinello, situado en Potrerillo y que era un lugar destinado para esquiar, situado en las afueras de Mendoza. En el mes de junio de 1982 Atilio viajó a Miami para buscar al investigador Virgilio Sánchez Ocejo, creador en Miami del Ufo Center. Este investigador se puso en contacto con el Dr. Hynek y el Dr. Smith informándoles sobre el caso de Ricardo. Estos investigadores viajaron a Argentina en el mes de diciembre de 1982 aprovechando la realización del Congreso de la Federación Argentina de Estudios de la Ciencia Extraterrestre (FAECE). Estos investigadores en todo momento estuvieron vigilados por efectivos del gobierno militar. Pese a todo lograron ir a Potrerillo, en Mendoza, y se reunieron con Ricardo llegando a conocer su testimonio.

Como ya se mencionó, este caso fue investigado y publicado por el investigador Virgilio Sánchez Ocejo.

Según Ricardo Velásquez la ruta que siguió la nave donde viajó fue: primero un poco hacia el sur hasta el pueblo de Tupungato, desde allí se dirigió rumbo al norte cruzando los diques Frías y Maure, luego hizo un giro hacia el oeste, es decir, hacia la Cordillera de Los Andes. Allí ingresó al interior de esa cordillera. Esa zona pertenece a la provincia de Mendoza en Argentina y a Valparaíso en Chile. En el primer encuentro la nave salió por el mismo lugar por donde había ingresado.

En el tercer encuentro fue llevado al mismo lugar y la nave salió por el agua de una represa, cerca al dique que forma una central hidroeléctrica. No hay un lugar que cumpla esas características en Argentina. Lo más cercano es embalse Potrerillos en el río Mendoza. Sin embargo, el dique fue construido mucho tiempo después; tal vez en los años del suceso narrado existía en ese lugar una suerte de dique natural. Por otro lado, en Chile tenemos al Lago Colbun, que en realidad es una inmensa represa hecha en el río Maule para generar electricidad al vasto territorio chileno. En ese lago se han registrado diversos avistamientos ovni, especialmente en la década de los 90. Este lugar correspondería al sitio narrado por nuestro protagonista cuando dice que la nave emergió por una represa; sin embargo, está situada mucho más al sur de Santiago de Chile, específicamente en las provincias de Talca y de Linares. Además, la construcción de este embalse se inició en el año 1980 y fue puesta en funcionamiento en el año 1985. En definitiva, no hay un sitio claro por donde emergió la nave en aquel encuentro.

Se dice que en Los Andes existen otras bases extraterrestres. En su contacto con seres de Las Pléyades, el ingeniero Enrique Rincón(10) nos narra que le llevaron a una base situada en el Alto Perú, en la frontera entre Perú, Bolivia y Chile. Por otro lado, se habla de una base debajo del Lago Titicaca, otra en el departamento de Huánuco (Perú), en el nevado de Huaytapallana en Huancayo (Perú), etc. Algunas bases serían pequeñas, otras inmensas.

Según algunos estudiosos, como el húngaro-argentino Janos Móricz Oppos, existiría un mundo subterráneo debajo de Los Andes.

La base estaba situada en el interior de las montañas de Los Andes. La nave salió por una represa de agua.

TAREA: LLEVARSE FLUIDOS BIOLÓGICOS (1990)

Al norte de la provincia de Tucumán, Argentina, se encuentra Quilmas, una zona de Los Andes donde se encuentra una fortaleza de piedra en plena montaña, siendo un verdadero legado de un pasado milenario. Más allá se hallan pueblos, como Villa de Amaicha del Valle. A 8 km de ese poblado se halla un pequeño caserío, llamado Los Zazos, situado a 2000 msnm.

Era el año 1990 en Los Zazos. Allí vivía la Sra. María Jesús Flores de Mamani, de 32 años de edad, acompañada de su marido e hijos. Su morada era una rústica vivienda de adobe. Ella se dedicaba, entre otras cosas, a la crianza de cabras. La señora María, con su rostro de facciones andinas bronceadas por el sol, era totalmente ajena a ovnis y extraterrestres.

Cierto día, la Sra. María se hallaba arriando sus cabras por una quebrada, cerca de su casa. La tarde era gris, sin sol, y el viento soplaba fuerte. De pronto apareció una bola luminosa a doce pasos de ella. Esa extraña cosa tenía algo más de 1,5 m de diámetro y flotaba a poca altura del suelo. Tenía un brillo, como si fuera de aluminio, y a su contorno había una hilera de luces muy fuertes y de diversos colores. La Sra. María se quedó mirando fijamente a esa extraña aparición mientras que, a su costado, su perro, tan ladrador, se hallaba extrañamente quieto y sus cabras, siempre ariscas, lucían también quietas.

Aquella bola se hallaba inmóvil. De pronto, de su entorno se abrió una puerta y salieron dos pequeños seres. La Sra. María quiso gritar, pero no le salió la voz. Intentó huir, pero no podía moverse.

Esos seres tenían aproximadamente un metro de altura y caminaban como flotando. Vestían ropa de una sola pieza, como los que usan los buceadores. En la espalda tenían una especie de caja y a un costado del cuerpo llevaban algo parecido a cables o antenas cortas. En la cabeza portaban un casco que a la altura de los ojos dejaban ver, por una especie de cristal, parte de su rostro que era de color marrón. El traje, que también era de color marrón, brillaba y parecía estar hecha de una fina tela.

No transcurrieron muchos segundos, cuando uno de esos seres se acercó a la Sra. María y la cogió de uno de sus brazos. Luego ató ese brazo con un material semejante a una liga y procedió a extraerle sangre con un instrumento parecido a una jeringa. La Sra. María no podía moverse, pero no sentía dolor. Otro de los pequeños seres se acercó a una cabra y con un instrumento le extrajo leche, mientras el animal se mantenía quieto y silencioso.

Luego de realizar esos procedimientos, aquellos seres, sin decir algo, se voltearon y se dirigieron a la nave llevándose lo extraído. Ingresaron al aparato y la puerta se cerró. Inmediatamente la nave se elevó para perderse velozmente en las alturas. En ese momento recién pudo moverse la Sra. María y se puso a llamar a gritos a su esposo. Él, alarmado, vino corriendo y alcanzó a ver una luz que subía por lo alto de la montaña hasta hacerse tan pequeño, como una estrella, y luego desaparecer.

La noticia se difundió en la zona y unos camioneros afirmaron haber visto al ovni, a las 12 am de ese día, en la ruta cerca de Los Cardos.

En el lugar de los hechos, la parte de la tierra donde había flotado la nave quedó blanca y durante mucho tiempo no crecieron plantas en ese lugar.

La Sra. María no sintió molestias en el brazo, pero sí en los ojos que se pusieron rojos y le produjeron ardor. Al parecer, la intensa luz la había afectado. Por tal motivo acudió donde la Dra. Clara Luz Nieve, la única doctora de esa zona, quien no logró curarla completamente y la visión quedó defectuosa.

En el año 1998 este caso fue estudiado por el investigador Pablo Villarrubia Mauso, quien lo publicó en El Fuego del Dragón, Boletín Mensual de Ovnilogía, *Nº 15*, Nov. 1999, Argentina *(36).*

Este caso nos permite suponer que esos seres tenían una sola tarea: extraer muestras y llevárselos. Se ignora la finalidad.

De esta manera, la sangre de una mujer andina habría llegado a parar a algún lejano lugar del cosmos.

En la actualidad, las normas de casi todos los países exigen que extracción de muestras biológicas, como en el caso narrado, deben ser realizadas previo consentimiento informado de la persona analizada.

Casos como el presente nos hace ver que, a nivel interplanetario, nosotros estamos casi en la barbarie en materia de derecho o jurispru-

dencia, pues simplemente para nosotros no hay normas o si los hay, no estamos incorporados en ellos como sujetos de derecho.

Hablar de Derecho Interplanetario o cosas similares suena a filosofía fantástica.

En un tiempo no muy lejano, cuando se dé el contacto oficial entre nosotros y los seres del espacio, tal vez uno de los primeros acuerdos será establecer normas claras de relación que permita una convivencia civilizada entre todos.

Y les sacaron muestras para llevárselos a su mundo.

SOLIDARIDAD INTERPLANETARIA
(1996)

¿Cómo sería un mundo sin niños?

Indudablemente sería un mundo triste y condenado a su extinción.

La gran región andina no se caracteriza por ser así. En cada pueblo y en cada rincón hallamos niños por doquier. Tanto, que muchos ilustrados dicen que la causa del atraso y de los problemas sociales de los pueblos andinos es el exceso de su población; por lo tanto, plantean limitarlo. Hubo un presidente que se atrevió a hacer campañas de esterilizaciones masivas en el Perú.

Este relato toca algunos aspectos de aquel don que la naturaleza o la divinidad dio a la mujer: la capacidad de procrear.

José Alberto Yaguana y Graciela Granda era una pareja de ecuatorianos que vivían en la provincia El Oro, en Ecuador. Ellos conformaban una familia modesta pero feliz. Él era profesor de primaria en una zona rural. Ella era ama de casa que diligentemente velaba por los dos hijos que tenían. No habían deseado tener más hijos y por ese motivo ella había aceptado hacerse la ligadura de trompas. Aquella familia vivía tranquilamente. Ellos tenían un vehículo con el que, en los días libres, salían a pasear al campo disfrutando de las bondades de la naturaleza.

La tristeza alienígena

El 19 de diciembre de 1995 esta familia fue de viaje de pesca a inmediaciones del Bosque Petrificado de Puyango, situado en el extremo sur de Ecuador, en el lado occidental de la Cordillera de Los Andes, cerca de la provincia de Loja. El verano era seco y caluroso, ideal para el campismo. La vegetación, llena de arbustos, rodeaba el camino dejando ver, más allá, el río Puyango y hacia el sur, el límite con el Perú.

El día transcurrió rápido y tranquilo. Habían acampado a orillas de un lago con el fin de pescar truchas. Al caer la tarde se prepararon para retirarse pues se venía la noche y el cansancio se apoderaba de todos. Transcurrieron pocos minutos y ya oscurecía cuando a los lejos vieron, a orillas del río, unas extrañas luces. José cogió una linterna y fue a explorar. Al llegar a un lugar del río, una luz apareció repentinamente y le cegó. José de inmediato cerró sus ojos y se detuvo, mientras que la luz se atenuaba. Cuando José abrió sus ojos vio que el causante de todo ello era un aparato volador ovalado, de color rojo, que estaba suspendido sobre las aguas del río. Se hallaba casi a diez metros de distancia dejando ver su contorno y una especie de escalera.

José agudizó su vista observando a tres pequeños seres bajar de la nave y acercarse. Eran pequeños, de 1,10 m de altura, de cabeza grande, ojos achinados, piel color plomo y amplias espaldas. Pese a ser calvos y tener aspecto extraño inspiraban bondad. Se acercaron y José no sintió temor, pero sí mucha curiosidad, pues nunca había creído en ovnis ni en extraterrestres.

—Queremos hablar con usted —le dijeron mentalmente.

—Usted es de buena gente —agregaron.

José respondió preguntándoles qué buscaban y en qué podría servirles.

Una dosis de tristeza se apoderó del ambiente cuando esos seres expusieron su problema a José:

—Durante años hemos dejado de reproducirnos y deseamos salvar a nuestra especie...

Al exponer su problema, sus gestos eran de congoja, casi de súplica, y José se sintió triste entendiendo la situación de sus interlocutores. Vino a su mente cómo hay familias que no pueden tener hijos y cuyo sueño es tener al menos uno, mientras que hay otros que tienen hijos aun sin desearlo.

En ese momento las ideas iban y venían por la cabeza de José. Al parecer, estos alienígenas captaban los pensamientos de José y por tal motivo le manifestaron su intención de colocar un embrión en el vientre de Graciela, su esposa. De inmediato José respondió que ella no aceptaría y mucho menos tener relaciones sexuales con ellos. Los alienígenas respondieron que no habría contacto físico y que todo sería un procedimiento técnico.

—Mi esposa se ha sometido a ligadura de trompas —aclaró José.

—No es un problema.

—Consúltale a ella y todo depende de si ella acepta —replicó José.

—Sí aceptará —respondieron con seguridad aquellos seres.

Luego se dispusieron a retirarse no sin antes despedirse dejando tocar sus manos. Tenían cinco dedos. Eran diminutos, como los de un niño, con piel suave pero rugosa. Con amable gesto subieron a bordo de la nave y la puerta se cerró. De inmediato el aparato se elevó un poco y desapareció tan súbitamente como había llegado.

José retornó a su vehículo y se hallaba bastante impresionado que poco o nada comunicó a su familia. Aquella noche apenas durmió. Al día siguiente narró lo sucedido a su esposa Graciela, pero ella no le creyó.

Los días transcurrieron y todo discurría sin cambios, de tal manera que José llegó a pensar que todo lo visto aquella noche había sido solo un sueño. Al menos, eso era lo que pensaba su familia.

Es bueno señalar que la familia andina es jerárquica, donde el varón es el jefe del hogar, luego sigue la mujer y, finalmente, los hijos. Para todo aspecto, lo que predomina es la decisión del jefe del hogar. En el caso de José, su disposición era de ayudar a esos seres. Tal vez ese detalle fue entendido por los alienígenas y por tal motivo recurrieron a José como contacto, pues todo dependía de él. Tal vez esa familia era la elegida entre muchos otros por sus cualidades físicas, morales, etc. Graciela era relativamente joven y algo robusta. Era tranquila y de buena fe. Al igual que su esposo era creyente en Dios y de buen corazón.

El procedimiento

Llegó el año 1996 y el invierno lluvioso dominaba el ambiente. El 7 de enero de ese año, en un viaje de paseo, la pareja de esposos llegó a Guarapal, situado a 10 minutos de la población fronteriza de Arenillas, cercano al Bosque Petrificado de Puyango. Eran las 5 de la tarde cuando observaron un ovni situado en un lugar poco visible. José situó su camioneta en el lugar más idóneo y encendió los faros para ver mejor. Era una nave más grande que el de la primera vez. Tenía forma de un platillo, pero con una especie de torresta en la parte inferior de donde emergían dos estructuras de apoyo.

El ambiente era sereno y la pareja observaba con tranquilidad a aquella nave. Al poco tiempo, los alienígenas se hicieron presentes. Eran tres, con iguales características de la anterior aparición. Los extraños visitantes les invitaron a subir. Los asombrados esposos caminaron hacia las escalerillas e ingresaron al interior. Por afuera de la nave no se veían ventanas, pero en el interior había muchas pantallas. La pareja observaba con detenimiento ese recinto mientras que los seres les «hablaban» en lenguaje mental. Ellos se identificaron como Laxti (capitán), Nortu (copiloto) y Esten (segundo copiloto). Dijeron ser de un lejano planeta llamado Ectom. El motivo de aquel encuentro era obvio. De pronto, del muro de la nave emergió una camilla y se puso en posición horizontal. A continuación, los extraños seres invitaron a Graciela a subir a la camilla. Luego le colocaron algo parecido a electrodos en las sienes y el pecho. En ese momento ella quedó dormida. José, a poca distancia, observaba todo el procedimiento. El piloto abrió un armario y sacó un tubo de color azul transparente. Otro ser le puso una especie de copa y comenzó la intervención mientras que pedía a José le haga preguntas, tal vez para aclarar dudas y aquietar el ambiente. Luego introdujo en la vagina de Graciela esa especie de tubo mientras que una pantalla registraba todo el procedimiento. Fueron quince minutos de «operación», al término de los cuales Graciela despertó sin molestias.

Un breve diálogo siguió y luego, siempre amablemente, la pareja fue invitada a salir de la nave. Afuera la oscura noche estaba iluminada por el aparato volador. Al poco tiempo este se elevó y se perdió en el cielo.

La extracción

Las semanas y meses siguientes Graciela no sintió molestia alguna. Ella continuó con sus habituales actividades sin percibir que en su vientre llevaba algo.

Transcurrieron cuatro meses y cierto día la pareja regresaba de un largo paseo cuando vieron al mismo ovni en el lugar del anterior encuentro. Se detuvieron y esperaron el contacto. Al instante bajó uno de los seres. Esta vez con una sonrisa les invitó a subir. Arriba, al igual que la vez anterior, uno de ellos accionó una especie de botón e inmediatamente emergió la camilla. Allí subió Graciela. A continuación, uno de los seres procedió a la extracción del feto. Este fue puesto en una especie de botella de 15 cm de largo y luego fue guardado. En ese momento, una gran satisfacción se dibujaba en los rostros de los alienígenas mientras que Graciela, tranquila, se disponía a bajar. José observaba la escena y en su pensamiento solo estaba la interrogante si había procedido bien o mal.

Bajaron de la nave. Este se elevó unos metros y se perdió velozmente.

⚬⚬⚬

Durante varios años este caso fue guardado en secreto por deseo de sus protagonistas. Finalmente, el diario Correo de Ecuador y otros medios lo difundieron gracias a la intervención del ufólogo ecuatoriano Jaime Rodríguez.

La pareja de esposos fue sometida al detector de mentiras, a la regresión hipnótica, etc., no hallándose indicios de fraude.

Si bien en este caso no hubo pruebas, lo que quedó fue la palabra de aquella pareja que aceptó ser una suerte de vientre de alquiler sin obtener nada a cambio. De haber ocurrido este caso, sería un acto de solidaridad... interplanetaria.

En otras latitudes de nuestro planeta se presentan numerosos casos de posibles abducciones, implantes, fertilizaciones y experimentos genéticos causados por alienígenas. En la zona andina y en Latinoamérica en general este tipo de casos no son los predominantes o tienen otros matices como es el caso de esta pareja de esposos de Ecuador.

¿Qué motivó a esta pareja andina a «colaborar» con una raza alienígena?

Tal vez, la explicación tiene que ver con sus profundas creencias religiosas. Tal vez hicieron el siguiente razonamiento: Dios es el creador de todo el universo. Si creó a la Tierra y a los humanos también creó a otros planetas y a los extraterrestres. Por lo tanto, nosotros y los extraterrestres somos hijos de un solo Dios. En consecuencia, somos hermanos, unos más desarrollados que otros. El cristianismo nos dice que debemos ayudar al prójimo. Entonces, si nuestros hermanos de lejanos planetas nos piden ayuda debemos socorrerlos. Eso habría sido su forma de pensar.

❮ 135 ❯

Y Graciela fue intervenida por los alienígenas mientras José observaba.

KILLMER
(1999)

Jujuy es una zona situada al norte de Argentina, en el lado oriente de la Cordillera de Los Andes. Es una de las provincias con mayor diversidad climática, pues tiene valles, quebradas, montañas y punas. Su capital es San Salvador de Jujuy, una ciudad de 200 000 habitantes, cuyo clima es templado con veranos lluviosos e inviernos secos.

En la década de los 70, en la ciudad de San Salvador, Jujuy, había nacido Sebastián Alfonso Bidonda, en el seno de una apacible familia. Su niñez lo había pasado en contacto con la naturaleza, observando el clorofílico color de las plantas, las vistosas aves en los árboles y las montañas que cubrían el horizonte. Su amplia casa, en medio de un aire puro y fresco, tenía un amplio espacio como para ver el cielo, sus nubes y sus estrellas. Afuera, en las callejuelas, el pequeño Sebastián podía reunirse con sus amigos para jugar y explorar.

Sebastián no era un niño como cualquiera, pues desde temprana edad veía y escuchaba cosas. A veces se anticipaba a los hechos, pronosticaba la muerte de sus familiares y cosas por el estilo, generando curiosidad en su entorno. Muchas veces cuando estaba solo «oía» la palabra *alfa*, como un eco que se repetía en su cabeza y él no sabía qué era. El niño narraba sus vivencias a sus padres y demás familiares, pero ellos no le creían ni le entendían.

Cierto día, cuando Sebastián tenía 13 años de edad y se hallaba en una colonia vacacional en Córdoba, vio, sobre una colina, a una distancia de 20 km, una luz extraña que poco a poco fue acercándose hasta detenerse en lo alto de la colonia. Era un ovni y en ese momento Sebastián aclaró sus dudas, pues tuvo la certeza que todo lo que le venía sucediendo venia del cielo. Desde ese día se interesó en el asunto ovni, en la parapsicología y temas afines.

Las ansias de mirar al cielo

Siendo adolescente, con un grupo de amigos comenzó a hacer prácticas de meditación e intentos de contacto con los seres del espacio. El llamado de aquel grupo de adolescentes no se hizo esperar y comenzaron a aparecer luces en el cielo que no correspondían a algo conocido y que se movían a altas alturas. Concomitantemente, Sebastián comenzó a captar mensajes en su mente provenientes de aquellas naves. Al inicio, esos mensajes eran poco entendibles, pero poco a poco se hicieron más nítidos y frecuentes, a tal punto que para Sebastián llegaron a ser como unos amigos invisibles que llegaban desde el cielo.

El grupo de muchachos seguía reuniéndose en diversos lugares del campo y en el año 1996, esas las luces, antes distantes, se acercaron a menos altura, mostrándose como naves del espacio. Ese hecho entusiasmó a los jóvenes, quienes no dudaron en darlos a conocer a la gente del lugar. Los lugareños, al escucharlos, creyeron que era parte de un juego de mozalbetes.

Los jóvenes no se desanimaron y continuaron. Para asegurarse que el contacto era real comenzaron a emplear curiosas linternas con los que hacían señales a los ovnis del cielo y estos respondían a las señales.

La confirmación

Las comunicaciones mentales entre Sebastián y aquellos seres del espacio continuaron. Esos extraños e invisibles seres eran sus guías superiores. A Sebastián le llamaban *Alfa*. Efectivamente, cumplían el rol de guías pues le orientaban y protegían. Al enterarse de todo esto, la familia de Sebastián se preocupó, tuvo cierto temor y se opuso a esas prácticas. Creyó que su hijo no parecía normal. Entonces el joven se sintió incomprendido y solo.

Cierto día Sebastián se hallaba meditabundo en su soledad cuando un guía cósmico se comunicó con él para apoyarlo. Demostró que entendía su soledad. Es así que cierta madrugada le indicó que sacara a sus padres al patio pues ellos, los seres del espacio, se manifestarían con sus naves. Los padres de Sebastián en ese momento dormían plácidamente. El joven, con cierto recelo, tocó la puerta y les despertó. Estos, visiblemente incómodos, no ocultaron su fastidio, pero ante la insistencia de su hijo salieron al patio. Allí miraron al cielo y vieron a una nave nodriza detenida en lo alto. Ambos se quedaron atónitos. En ese momento, como para convencerlos definitivamente, Sebastián le dio una linterna a su padre para que hiciera señales al cielo. Así lo hizo y la nave respondió con luces intensas. El señor, entusiasmado, hizo más señales y la nave se movía respondiendo a las señales, mientras que la madre de Sebastián lloraba de emoción al saber que todo lo que su hijo le decía era verdad. Durante media hora estuvo la nave respondiendo al juego de luces de la linterna, luego se retiró y todos entraron a casa, entusiasmados.

El grupo de jóvenes continúo reuniéndose, pero esta vez Sebastián ya contaba con el apoyo de sus padres y podía hacer uso de la filmadora y la cámara fotográfica de la casa. Es así que, en el año 1988, gran parte de sus experiencias comenzaron a ser registrados por esos aparatos.

Sebastián, quien ya se identificaba con el nombre de Alfa, obtuvo fotografías y videos de ovnis en varios lugares de esa zona. Para tal fin siempre contaba con la participación de sus guías superiores, pues al parecer a ellos no les incomodaba ser fotografiados o filmados.

El encuentro final

Sebastián no era un joven común. Por las experiencias que tuvo, él no hacía lo que todo joven a su edad hacía, es decir: divertirse, darse a la aventura o ir por otros caminos más peligrosos. Sin embargo, le gustaba la música y la buena amistad. Los guías encaminaban su vida y él, gustoso, los seguía. Eran sus guías invisibles. Él «los conocía» por su nombre y «ellos» siempre se referían a un guía principal y que era el responsable de ese proceso: Killmer. Al «oír» varias veces ese nombre, Sebastián comenzó a tener curiosidad por saber quién y cómo era.

Transcurrió el tiempo y la inquietud de Sebastián por saber algo más de Killmer persistía, pero el joven no insistía dejando que las cosas vinieran por sí solas.

A inicios del año 1999, los guías le indicaron a Sebastián que siguiera una especie de preparación especial a base de dietas, meditaciones, etc. Esas prácticas tal vez buscaban sensibilizar al organismo del joven para una experiencia que se veía venir. Sebastián cumplió con las indicaciones. Los meses transcurrieron y al final entendió que se avecinaba un encuentro con Killmer. Ese encuentro sería como la culminación de todo un proceso que estaba viviendo. Ante esta convocatoria, el joven se sentía contento.

El 13 de agosto de 1999, en la casa de Sebastián y siendo las 10:00 de la mañana, apareció la silueta de una nave en el cielo, siendo filmado por el joven. Esa aparición era el anuncio de la próxima llegada de Killmer. Luego de seis meses de preparación se produciría el ansiado encuentro.

El 30 de agosto de 1999, siguiendo las órdenes telepáticas de los guías, Sebastián preparó la máquina fotográfica y el equipaje. Luego se dirigió en su automóvil hasta el lugar indicado: Río Grande, en los Perales, San Salvador de Jujuy.

Era las 17:15 horas y Sebastián manejaba el auto, rumbo a la cita. Se hallaba sereno y ansioso a la vez por ver a Killmer. Era pleno día, algo curioso para un contacto físico. Llegó a su destino. El lugar era una planicie cubierto con una vegetación de poca altura. En aquel momento todo estaba desolado. El cielo tenía pocas nubes. Sebastián estacionó el automóvil, salió afuera y comenzó a preparar su cámara. Las cosas estaban en orden y listo para el acontecimiento. De pronto, en medio de las nubes, apareció la silueta de una nave de regular tamaño. Era ovoide y poco iluminada. Estaba detenida y al parecer esa nave era el que comandaría la aparición. En esos momentos mentalmente Sebastián supo que al interior de la nave iba Rudolf, comandante del vuelo y artífice de esa experiencia. Asimismo, supo que la civilización de esos seres se llamaba Kcrona y que pertenecía a la quinta dimensión. El joven de inmediato comenzó a tomar fotografías. Al poco tiempo, a cierta altura, comenzó a observarse una especie de sombra que poco a poco fue alargándose y tomando forma. Mientras eso ocurría, en forma telepática «ellos» le iban explicando el proceso de materialización de Killmer. Le decían que Killmer estaba presente, pero que para ser visto debía materializarse. Para tal fin, tomaba energía y otros elementos «del banco de datos» de ese lugar para adquirir forma física. Su cuerpo era de helio, que en nuestro planeta es un gas, y que, desacelerando los electrones de los átomos de helio, Killmer podía solidificarse y materializarse.

Sebastián observaba cómo Killmer iba tomando forma y con su cámara comenzó a registrar todo ese proceso. La materialización se iniciaba desde la cabeza hasta los pies, viéndose una figura suspendida en el aire, a cierta altura. Esa figura era alargada, de color marrón verdoso. Flotaba en el aire, como una inmensa tela, dejando ver su cabeza grande con cuello largo y delgado, sus piernas también delgadas a manera de cintas flameantes y sus brazos tanto o más alargados como las piernas, que terminaban en dos largos dedos. Sus ojos eran oblicuos y oscuros. No tenía boca ni fosa nasal.

Mientras que Sebastián lo veía y tomaba fotografías, le explicaban que ese cuerpo no tenía huesos, porque no se ponía de pie ni caminaba. No tenía aparato reproductor porque no se reproducía, ni boca porque no se alimentaba. El pectoral era pequeño pues no respiraba. El abdomen apenas se veía, pues no tenía aparato digestivo. En suma, el cuerpo parecía elástico o gelatinoso, como si se estirara hacia abajo jalado por la fuerza de la gravedad.

A continuación, Killmer se comunicó telepáticamente con Sebastián diciéndole que el lenguaje telepático era el verdadero lenguaje universal y que el hombre en el futuro abriría dos chakras que se hallan inactivos, el 8° y el 9°. Eso le permitirá lograr la transmisión del pensamiento y la elevación espiritual. Luego desaparecería el mal en la Tierra, se acabarían las guerras fratricidas y el amor al semejante sería la única religión. Cuando el hombre ame a su semejante renacería el nuevo paraíso.

Mientras se producía la comunicación y se percibía la presencia de Killmer, la nave se mantenía estático en lo alto. El joven Sebastián miraba fijamente a la imagen de Killmer y continuaba tomando las últimas fotografías hasta que se produjo la despedida de aquel guía principal. Luego su imagen se desvaneció. El breve encuentro había concluido. A partir de ese momento, Sebastián se sentía otra persona y asumía el compromiso de difundir el mensaje de los visitantes del espacio. Asumía ser un intermediario, un intermediario llamado Alfa Bidondo.

Cierto día visitaba Jujuy un grupo de periodistas de Canal América-Canal 7 con el fin de hacer reportajes y presentarlos en Buenos Ai-

res. Se trataba de Martín Ciccioli, periodista, Martiniano Peralta, productor, y Alfredo Giralda, camarógrafo. En Jujuy nada especial hallaron, pero se enteraron de que había un personaje al que denominaban «el loco de los ovnis». Se trataba de Alfa Bidondo. Fueron a su encuentro y le hicieron un reportaje. Al final, como en broma, le dijeron que ellos también querían ver ovnis y filmarlos. El joven quedó en «consultar» a sus amigos del espacio. La respuesta llegó diciendo que, en cierto lugar, a partir de las 4:30 de la mañana, se daría el avistamiento solicitado. Allí estuvieron presentes y cerca a las 5 de la mañana aparecieron en lo alto tres naves y cruzaron el cielo pudiendo ser filmados. Ese reportaje hizo que Alfa Bidondo sea conocido en toda Argentina.

Las experiencias de Alfa Bidondo han sido publicadas en diversos medios. Existen fotografías, videos, etc.

Según las informaciones dadas a Alfa Bidondo, esos seres de la quinta dimensión para materializarse y hacerse visibles en nuestra dimensión toman elementos del entorno. En ese sentido, el ambiente que nos rodea sería como un banco de elementos e informaciones que serviría a esos seres para materializar sus naves y sus cuerpos. Al respecto, nuevamente debemos tomar en cuenta conceptos como el «Akasha» de la filosofía hindú, el «Éter» de los esotéricos o el «Campo A» o «Campo Unificado de Información» de los físicos teóricos de la actualidad. Esos conceptos nos permitirían explicar como los alienígenas son capaces de hablar cualquiera de nuestros idiomas, como pueden hacer aparecer objetos «de la nada» o como logran adoptar ciertas apariencias físicas.

El mecanismo de aparición de Killmer difiere del teletransporte, que al parecer sucedió en el relato de Marcahuasi y más bien se asemeja a las experiencias de Huallanca, donde el ingeniero Vlado Kapetanovich pudo ver la materialización de animales, plantas, etc., gracias al «verbo creador» de los seres de Apu.

Si se crearan cosas usando algunos elementos invisibles de la naturaleza estaríamos frente a los denominados milagros mencionados en los libros sagrados. Muchos dicen que los ángeles o dioses de épocas pasadas eran seres de dimensiones superiores que para nosotros verlos tomaban diversas formas físicas. Eran seres divinos que se hacían hombres para cumplir diversas misiones.

En el caso de Killmer, llama la atención que tratándose de un ser tan elevado espiritualmente su apariencia física es casi horrible. En la mayoría de los casos de encuentros con alienígenas en el mundo, los seres extraterrestres nefastos y agresivos han tenido una apariencia física repugnante y los extraterrestres más bondadosos o elevados han tenido apariencia bella y angelical. El caso de Killmer parece ser la excepción.

Según los contactados y esotéricos, el mundo es pluridimensional. Cada dimensión, a su vez, tiene sus niveles. Los seres de la cuarta dimensión dominan perfectamente la telepatía, la clarividencia, etc., pero no pueden dominar la muerte. A medida que los seres van ascendiendo a otras dimensiones van obteniendo aquello que nosotros llamamos divinidad.

Muchos contactados son personas con naturaleza especial que les permite percibir cosas y elementos de otras dimensiones; por ese motivo, algunos de ellos ven lo que el común de la gente no puede ver, siendo catalogados como ilusos, farsantes o enfermos psiquiátricos. En el terreno de las dimensiones y cosas por el estilo es difícil saber que cosa es cierta y que cosa es falsa. Tal vez en otras dimensiones el mundo racional, como lo percibimos, no existe. Habría otra lógica, otra matemática, etc.

Y Killmer adquirió una forma física usando los elementos de la naturaleza.

SU AFAN: EL AGUA
(2000)

El agua es un elemento vital para la vida. El hombre andino, ligado por tradición a la agricultura, requiere de ese elemento. Para él, las sequias representan una tragedia. Al parecer esa suerte de dependencia al agua no solo es típico del hombre andino o del hombre de cualquier parte de la Tierra, sino también de los alienígenas.

Ancash, como toda zona andina, es pródigo en agua. Pese al cambio climático, aún conserva nevados, lagunas, ríos y manantiales. Estos, por estar en zonas de altura, mantienen su pureza.

A continuación, presento tres casos sucedidos en Ancash que nos inducen a pensar que uno de los propósitos de las frecuentes visitas de esos seres es el agua.

Caso 1

El sábado 13 de mayo de 1995, aproximadamente a las 17:00 horas y luego de realizar sus labores en el campo, la familia Benítez Lázaro retornaba a su casa, situada en la quebrada de Arwey, distrito de Olleros, a 35 km al sureste de Huaraz. En tal circunstancia vieron dos objetos voladores que a baja altura recorrían la zona. Asombrados, Aniceto Benítez, de 49 años, y su esposa Undelina, se detuvieron observando las multicolores luces que estos objetos emitían. De pronto una de las naves descendió, situándose a 300 metros de la pareja de esposos. La nave era relativamente pequeña. De su interior bajó un ser de baja estatura y de grandes orejas. Este ser tenía un recipiente en sus manos. Al parecer buscaba llenar algo en ese recipiente. Luego de un breve lapso subió a la nave y el vehículo se elevó, perdiéndose entre los nevados de la Cordillera Blanca.

Caso 2

En zonas rurales de la sierra el hombre andino se va a dormir a tempranas horas debido al frío y porque al día siguiente debe estar activo desde las primeras horas.

Era el miércoles 21 de agosto de 1996 en la comunidad Canray Grande, situada a 45 km al sureste de la ciudad de Huaraz. Era una comunidad dedicada básicamente al pastoreo de ganado. Eran las 21:45 horas de la noche y los comuneros ya estaban durmiendo. De pronto un fuerte ruido los despertó. Lo primero que les llamó la atención fue una gran iluminación que había afuera. Se asomaron y vieron a dos inmensos objetos voladores que estaban descendiendo. Los niños comenzaron a llorar sin cesar. Estaban atemorizados. Los adultos, escondidos, miraban lo que ocurría. Entonces vieron a dos seres que se dirigían hacia un manantial. Eran de apariencia humana, pero tenían cabeza grande. Recogieron agua de ese manantial y lo llevaron a los platillos voladores. Las naves se elevaron y se situaron a la altura del nevado Pongos. Luego se enrumbaron con dirección a la cordillera Huayhuash.

El suceso duró alrededor de cinco minutos. Durante ese tiempo la temperatura del ambiente bajó.

Caso 3

Eran las 3 de la mañana del 24 de enero del año 2000 en el poblado de la quebrada de Tunchu, situado a 7 km de la provincia de Recuay, Ancash.

Ante la mirada atónita de los pobladores dos platillos voladores sobrevolaron la planta eléctrica de Tunchu. Luego, uno de los platillos descendió mientras que el otro se quedó suspendido a cierta altura.

Los hermanos Mamerto y Florencio Ríos Pajuelo vieron a un ser que descendió de la nave. Era pequeño. Sus brazos eran largos que casi llegaban al suelo y sus pies se parecían a las patas del pato.

Por su parte, el guardián de la planta eléctrica vio que los tripulantes del ovni vaciaron agua en un tanque a manera de combustible.

Los platillos permanecieron alrededor de 45 minutos en el lugar. Luego despegaron iluminando el ambiente con rayos verdes y rojos. Se fueron por la quebrada levantando polvo y viento a su paso.

———

El Caso 1 fue publicado en el diario Expreso *de Lima el lunes 15 de mayo de 1995. El Caso 2, en el diario* Expreso *el viernes 23 de agosto de 1996 y el Caso 3 en el diario* Extra *de Lima el 26 de enero de 2000.*

En años recientes el ufólogo e investigador Julio Acosta Navarro publicó estos casos en su libro Odisea en Los Andes *(1).*

En la inmensa casuística ovni en el mundo hay numerosos casos donde se aprecia el afán de los extraterrestres por buscar agua. Parece que nuestro líquido elemento también es vital para ellos.

Varios ufólogos dicen que es ilógico que civilizaciones de inmenso desarrollo científico del cosmos hagan el triste papel de estar buscando agua con un recipiente o con una manguera. Es el factor absurdo presente en varios encuentros con ovnis y extraterrestres en diversos países. Algunos autores como Jacques Vallé (35) y José Antonio Caravaca (9) han teorizado magníficamente sobre este hecho llegando a plantear que estos fenómenos o hechos no tienen necesariamente relación con extraterrestres. No comparto esas apreciaciones.

Y SALIÓ EN DEFENSA DE LOS ALIENÍGENAS (2018)

Era el año 2013 en la finca del Sr. Diego Mondragón, situado en el corregimiento de Guasimal, a 5 km del casco urbano de Zarzal, en el valle del Cauca, Colombia. Era noche y había luna llena. De pronto la perra de la finca comenzó a ladrar incesantemente dirigiendo su mirada hacia un punto fijo situado cerca a los corrales de las gallinas ponedoras. Diego se dirigió allá y vio que en ese lugar se hallaba un ser de 2 m de altura, con ropa negra y una estrella brillante en el pecho. Diego se detuvo y ambos quedaron mirándose como si estuvieran mutuamente sorprendidos. De pronto ese ser dio un salto hacia la quebrada y continuó saltando por los potreros hasta desaparecer.

Diego Mondragón era una persona madura y experimentada. Era muy respetado en su comunidad. Durante toda su vida no había visto nada igual.

Este suceso llegó a conocimiento de todo Guasimal. En ese pueblo vivían alrededor de 40 familias. Posteriormente llegó a oídos del ufólogo Cristian Ramos, del grupo *Contacto OVNI* de Colombia. Este joven investigador viajó hasta Zarzal y llegó a la finca del Sr. Diego Mondragón. En ese lugar tuvo la oportunidad de ver a un ser semejante a lo descrito, a 200 m de distancia. Media alrededor de 2,30 m de altura, de contextura gruesa, ropa negra, con botas y escafandra negra (a manera de esgrima). Este ser no estaba quieto, sino que se movía de derecha a izquierda, como un boxeador en ring. Inmediatamente el ufólogo se dispuso a sacar su cámara fotográfica, entonces el alienígena saltó 2 a 3 m hacia atrás y se marchó saltando. Cada vez que caía al suelo se sentía un fuerte ruido que incluso asustaba a los animales. Cuando este ser se marchó el ufólogo se puso a revisar las pisadas y no halló huella alguna.

El reporte del ufólogo Cristian Ramos inquietó al experimentado y rigoroso ufólogo William Chaves Ariza. Él hizo una expedición al lugar entrevistando a más de 30 testigos. Para su entender no halló pruebas, solo testimonios. Sin embargo, cuando estaba culminando su labor también pudo verlos. Nada pudo hacer porque huyeron saltando.

En sus largos años de experiencia nunca había sido testigo de un hecho similar. No supo que explicación dar.

Las noticias se difundieron por toda Colombia. Eso motivó la llegada de curiosos y aficionados al tema ovni. Acamparon en las campiñas esperando ver extraterrestres. Lo único que lograron fue alterar la vida de los lugareños, dañar los sembríos y afectar a los ganados.

Es bueno puntualizar que la gente de Guasimal se dedicaba a la ganadería, al cultivo de caña de azúcar y frutas, a la elaboración de queso y de panelas (chancaca), etc. Ese caserío se encuentra a algo más de 900 msnm, situado en parte de la vertiente occidental de la Cordillera Central de los Andes. Su clima tiene verano corto y caluroso, pero durante casi todo el año se halla nublado. Se encuentra relativamente cerca al recientemente inaugurado Túnel de la Línea, de ocho kilómetros de largo, que es el más largo de Latinoamérica y que atraviesa la Cordillera de Los Andes uniendo las ciudades de Cajamarca y Calarcá.

Cómo son esos seres

Estos seres comenzaron a aparecer a partir del año 2012, siempre de noche. Tienen una talla de mas de 1,90 m, con hombros anchos, brazos largos, sin distinguirse el rostro ni las manos. Visten monos negros ajustados, con una especie de faja en la cintura. En el pecho llevan un objeto con forma de rombo o de estrella de donde sale una luz rojiza, generalmente intermitente. Al parecer ese objeto tiene que ver con la voz metalizada o robótica que tienen. No caminan, saltan. Lo hacen hasta 4 o 7 metros de altura. Esos saltos son adelante y hacia atrás. Por lo tanto, demuestran una agilidad acrobática que nos hace recordar al «hombre araña» de las películas. En sus encuentros con los pobladores, estos generalmente le preguntan «¿qué quieren?» y ellos responden «agua». Lo hacen como repitiendo un libreto aprendido, pues cuando le ofrecen agua no lo reciben.

Muchos pobladores están familiarizados con su presencia. Algunos los han visto tres veces, como el Sr. Guillermo Osorio, propietario de la finca Laureles de Guasimal. Nunca se muestran agresivos. Por lo general, durante los encuentros estos seres se ponen a la defensiva y huyen. Sin embargo, al parecer no temen a los ataques. Algunos, como

Juan Carlos Vanegas, le tiraron piedras. Otros les dispararon, pero solo para amedrentarlos. Finalmente, vale resaltar que solo esporádicamente se ven ovnis en ese lugar.

La improvisada asamblea con «ellos»

Volviendo al caso del Sr. Diego Mondragón, él posteriormente pudo verlos otras veces llegando a hablar con ellos.

El 26 de diciembre del año 2018, siendo las 10:30 pm, Diego oyó un estruendo. Salió y vio al alienígena. Este ser se dirigió a la finca vecina, llamada finca La Martina. En ese lugar se estaba realizando una fiesta. De pronto los concurrentes escucharon raros ruidos. Se pusieron en alerta. Sospecharon que se trataba de los alienígenas. Entonces comenzaron los gritos, unos de terror y otros vociferando contra «ellos», insultándolos o diciendo que se retiren de la finca. Sin dudas, la presencia de esos seres había perturbado la alegría de la fiesta.

Diego salió de su casa y se dirigió a la finca vecina. En ese momento se escuchó un disparo. Diego llegó y al ver aquel ambiente hostil se dirigió a los presentes diciéndoles que no disparen a esos seres. Les dijo que se tranquilizaran, que esos seres eran pacíficos y que si quisieran dialogar con ellos lo harían. Mientras tanto alguien había llamado a la policía de Zarzal. Esa ciudad se hallaba a 10 minutos de distancia. El policía Manuel Velandia Márquez fue asignado para acudir al lugar. Ese policía contaba con 16 años de servicio y los dos últimos años lo había hecho en ese valle. Al llegar a la finca, el policía vio a mucha gente nerviosa. Al frente de ellos se hallaba Diego tranquilizando al gentío y haciendo el rol de intermediario. No era para menos. A cierta distancia se hallaban cinco alienígenas. Estaban en la parte más oscura. Se les veía como unas siluetas de 2 m de altura.

La llegada del policía calmó un poco al gentío. Entonces estos reclamaron dialogar con los extraterrestres, como si fuera una manifestación pública en busca de un diálogo con la autoridad. Diego se acercó a los alienígenas y les dijo que la gente quería dialogar con ellos, que deseaban saber el porqué de su presencia y sobre todo insistió en que no les harían daño. Entonces se produjo una breve negociación. El público deseaba grabarles en video. «Ellos» no aceptaron. Solo aceptaron el uso de grabadoras en audio. Hecho el acuerdo, se inició el diálogo. Entonces el murmullo se convirtió en silencio y el policía preguntó:

—Amigo... ¿ustedes quiénes son? ¿Qué quieren?

Uno de los alienígenas fue el portavoz. Dijo que eran extraterrestres precedentes de Orión y que hace 60 años habían llegado a ese lugar, donde tenían una base subterránea. Esa base era tan grande que podría albergar una madre nodriza. Al escuchar eso, algunos de los presentes entendieron que estos seres podrían estar extrayendo riquezas minerales de esa zona. Por ese motivo, uno de ellos preguntó si habían venido para llevarse plata. El alienígena, señalando a todos, respondió:

—El dinero es la perdición de todos...

Esa voz era escuchada por todos los presentes, pero parecía que el sonido saltaba de un lugar a otro. Era una voz robotizada. En ese momento los equipos de comunicación de esa finca comenzaron a mostrar interferencias como si existiera un campo magnético a su alrededor.

La gente quería saber con claridad a que habían venido. Entonces ese ser dijo que nuestro mundo se iba a acabar. Habló acerca del cambio climático, de la contaminación, etc., y dijo que ellos estaban en busca de una semilla para salvar a la humanidad. Completó diciendo:

—Quiéranse unos a otros porque muy pronto se acabará la raza humana.

La palabra «semilla» quedó grabada en la mente de los presentes y fue registrado en los teléfonos celulares que lo habían grabado. Luego, por inquietud de los presentes, esos seres dieron a entender que creían en Dios y que apoyaban las creencias cristianas del pueblo.

El diálogo terminó. Al momento de despedirse, ese alienígena agradeció a Diego por haber hecho posible tal diálogo con los humanos.

<div align="center">~~~ ~~~</div>

Este caso no pensaba publicarlo. Todo sucedió a raíz de un encuentro fortuito con la señora Paola Aguilera. Ella recientemente había establecido su residencia en Lima, precisamente en el mismo distrito donde vivo. Su testimonio, de primera mano, mencionando haber visto a estos seres en el Valle del Cauca, fue determinante para considerar este caso como algo real e importante.

Este caso, denominado «Caso Zarzal», fue publicado por diversos medios periodísticos de Colombia, desde el diario El País, *el 12 de enero del 2013, hasta el diario* El Tiempo, *el día 11 de junio de 2019. Uno de los periodistas, llamado Steven López Cardona, pudo verlos y logró comunicarse en clave morse usando una linterna. Ellos le respondieron con la luz roja que salía de su pecho.*

Entre otros ufólogos que lo investigaron están Oscar Sierra y Daiyini Castillo Ríos, hija del contactado Enrique Castillo Rincón. Según ella, se trata de seres intraterrenos que poseen un exoesqueleto, a manera de armadura. Por esa razón, al pisar el suelo producen un sonido pesado. Ella dice que estos seres buscan la paz y que al mencionar «la semilla» nos dan a entender que puede tratarse de cualquier ser humano apto para forjar una nueva humanidad.

Según mi entender estos alienígenas pueden proceder de un planeta de la constelación de Orión, pero serían alienígenas operarios que están haciendo alguna actividad en el subsuelo. Luego, por algún motivo han comenzado a salir a la superficie. Según el ufólogo William Chaves hay empresas que están haciendo pozos petroleros de un kilómetro de profundidad y que habrían alterado el hábitat de esos seres motivando su aparición en el valle.

Es posible que estos alienígenas estén usando un traje para ocultar su verdadera apariencia física y para no alarmar a los pobladores; por ese motivo no dejar ver sus rostros y aparecen solo de noche. En el pecho llevarían un aparato que tendría varios usos, entre ellos para traducir su lenguaje al idioma español añadiéndole un acento regional. Obviamente, detrás de estos alienígenas habría otros seres más evolucionados, típicos de Orión. Su actividad principal sería extractiva u otros que desconocemos. Su actitud algo torpe con los pobladores respondiendo casi mecánicamente que desean agua y que buscan una semilla los delata como seres subordinados. Es por ello que en la reunión que tuvieron con la gente comenzaron diciendo «se nos ha encargado». Eso significa que habría otros seres más evolucionados dirigiendo todo el proceso.

Por otro lado, llama la atención que exista una base subterránea debajo de ese valle cuando no hay un acceso visible. Tal vez esta base tiene comunicaciones con otros lugares distantes donde pueden entrar y salir las naves. Como dijo Janos Móricz Oppos, habría un mundo subterráneo debajo de Los Andes.

Con respecto a «la semilla», no está claro. Tal vez se refieren a seres humanos evolucionados que quieran llevarlos para futuras misiones de repoblamiento o simplemente lo dicen para justificar su presencia en esos lugares.

En los últimos años su presencia en esa zona ha disminuido.

Y se desarrolló una especie de asamblea entre los pobladores y los alienígenas.

EPÍLOGO

Debemos tener en claro que una cosa son los ovnis o platillos voladores y otra sus ocupantes extraterrestres. Hay infinidad de casos de apariciones de ovnis, pero son escasas de la presencia o llegada de sus ocupantes.

En la amplia zona de Los Andes los avistamientos de ovnis son frecuentes y casi no han disminuido a lo largo de los años. Eso no sucede con la presencia de sus ocupantes, es decir, con los extraterrestres. A partir de la década de los 50 se reportaron más casos de encuentros con humanoides o alienígenas. Su máximo nivel llegó en la década de los 1960 y 70. En esos años no solo se detectó la presencia fugaz o anecdótica de esos seres, sino la interacción con los testigos, es decir, el contacto. En las últimas décadas la presencia de seres extraterrestres en Los Andes ha disminuido. Pero aún se mantiene. El caso Zarzal así lo demuestra.

Al terminar de leer los relatos de la presente obra muchos se harán la siguiente pregunta: ¿Los extraterrestres son buenos o malos?

Parece una pregunta ingenua o propia de un niño, pero es una gran interrogante que los entendidos en la materia deberían responder sin apasionamientos.

Poco sabemos de los extraterrestres, y la verdad, que es una sola, se llegará a saber tarde o temprano.

Hay un dicho que dice «por sus obras os conoceréis». La anterior pregunta, tan simple, también se han formulado las grandes potencias y los países más desarrollados, quienes luego de estudiarlos han concluido que los ovnis no representan un peligro para la seguridad nacional de cada uno. Tanto es así que, a nivel internacional, la ONU ni siquiera los ha tomado en cuenta. Si los ovnis fueran una amenaza mundial, lo lógico es que la ONU y otras instituciones hubieran tomado el asunto en sus manos con prioridad.

Hay otro dicho que dice «como es arriba es abajo».

Es de suponer que en el universo sucede lo que se ve en nuestro planeta o en cualquier país: hay «buenos» y «malos». Habrá civilizaciones nefastas y otros angelicales, pero es de suponer que hay un orden en el universo.

En nuestros países sucede que, pese a todo, hay un orden, al menos en el aspecto legal o normativo. Las leyes, por lo general son correctas o tienen buenas intenciones. Hay personas o grupos que violan dichas leyes y viven al margen de ellas. Son los que hacen daño, mientras que el resto, que es la mayoría, vive en concordancia con lo legal. Algo similar sucedería en el universo.

Los contactados hablan de verdaderas organizaciones que agrupan a civilizaciones de los planetas, galaxias, etc., y que velan por la paz y el desarrollo de los mundos. Esas organizaciones controlan y neutralizan a las civilizaciones nefastas manteniéndolas a buen recaudo.

En nuestro planeta, en pleno siglo XXI, aún tenemos núcleos humanos que viven perdidos en la selva, apartados de la civilización. Son los llamados «no contactados». Asimismo, hay numerosas etnias o comunidades nativas que viven su propio mundo y las leyes o las normas de los países buscan respetarlas sin tratar de alterar sus costumbres o formas de vida. Esto no significa que existan personas, grupos u organizaciones que violan la autonomía de esas comunidades para aprovecharse de ellos o hacerles daño. Algo similar sucedería con nuestra civilización, que para el universo aun sería un planeta «no contactado» que vive su propio proceso evolutivo y en lo posible los extraterrestres tratarían de no intervenir en nuestra civilización. Eso de «en lo posible» es valedero, pues los relatos de este libro nos hacen ver que ellos solo intervienen indirectamente.

Al parecer en el pasado la intervención alienígena fue más directa, tal vez porque nuestras civilizaciones, aun en formación, lo necesitaban.

En la actualidad, vivimos la etapa del retorno de los seres del espacio. Lo hacen de diversas maneras, desde apariciones fortuitas hasta contactos muy bien establecidos.

Los contactos y los movimientos contactistas en el mundo se han iniciado en el siglo XX y todos, de alguna u otra manera, buscan el desarrollo humano y la paz en el mundo. Este es otro argumento que apoya la tesis de que los extraterrestres son «buenos», pues no hay un caso en que los extraterrestres entran en contacto con nuestra gente para incentivarles a formar movimientos violentistas, a destruir el planeta o a sus semejantes.

Hay un movimiento, creado y liderado por Claude Vorilhon (Rael), quien en el año 1973 tuvo un supuesto contacto con alienígenas en Francia.

A raíz de ello nació el movimiento raeliano, que difiere de los demás grupos contactistas. Este movimiento, pese a propugnar la paz y el respeto al planeta, es un firme promotor de la clonación humana y otras acciones que generan controversias y dudas. Es un movimiento que no cree en la existencia de Dios ni del espíritu. Su dios es la ciencia y busca hacer del hombre un ser inmortal, o sea un semidiós, un Elohim, al igual que los extraterrestres.

El movimiento raeliano es el único movimiento que tiene concepciones diferentes al resto de los movimientos de contacto.

Con respecto al lado nefasto de los extraterrestres, lo más saltante en las últimas décadas ha sido lo referente a las abducciones de personas y las mutilaciones a animales. Se habla de implantes, de experimentos de hibridación con nuestras mujeres, etc. Por lo general, estas versiones se producen en los países desarrollados. En Latinoamérica son pocos los casos de estos tipos y lo que predomina es el contacto tipo mesiánico.

Dentro de los contactos de tipo mesiánico destaca, sobre todo en el Perú, el Movimiento Alfa y Omega, creada por el chileno y líder espiritual Luis Soto Romero. Los integrantes de este movimiento son básicamente de extracción andina.

Las actividades de contacto continúan en los países andinos. No solo se desarrollan de manera grupal sino individual. Estas actividades también tienen implicancias sociológicas, que muy bien podrían ser motivo de estudios en el campo de la psicología, antropología, teología o de nuevas ramas, como la exopolítica. Es propósito de este libro contribuir a esos fines. Que su lectura sirva para ello.

BIBLIOGRAFÍA

(1) Acosta Navarro, Julio C.   "Odisea en Los Andes"
Lima, 2016.

(2) Anfrúns Dumont, Jorge E.   "Extraterrestres en Chile"
Editorial El Triunfo,
Santiago de Chile, 1996.

(3) Banchs, Roberto E.   "Los OVNIS y sus ocupantes"
Ediciones Tres Tiempos,
Buenos Aires,1980.

(4) Barreto Cortez, Rafael   Revista "Cuarta Dimensión"
N° 23, Buenos Aires, 1975.

(5) Benítez, Juan José   "OVNIS: SOS a la humanidad"
Editorial Planeta- DEAgostini,
Barcelona, 2000.

(6) Benítez, Juan José   "El hombre que susurraba a los umitas"
Editorial Planeta, Barcelona, 2007.

(7) Benítez Juan José   "Solo para tus ojos"
Editorial Planeta, Barcelona, 2016.

(8) Bord, Janet   *"Unexplained mysteries of the 20 th
y Bord, Colin   Century"*
("Misterios inexplicables del siglo XX")
Edit. McGraw-Hill Education, 1990.

(9) Caravaca, José A.   "Distorsión. ¿Una teoría explicativa?"
Editorial Guante Blanco, Madrid, 2019.

(10) Castillo Rincón, Enrique   "OVNI. Gran aurora humana"
Blue Dolphin Publishing,
Nevada, 1995.

(11) Creighton, Gordon

Revista *Flying Saucers Review* (FSR),
21, 5, 1975.

(12) Durrant, Henry

"Premiêres enquêtes sur les Humanoïdes
Extraterrestres"
Editorial Robert Laffont, Paris, 1977.

(13) Galindez, Oscar A.

Revista *Flying Saucers Review* (FSR)
Julio-Agosto, 1970.

(14) Galindez, Oscar A.

"*Trancas after seven years*"
Revista FSR, Mayo-Junio, 1974.

(15) Galindez, Oscar A.

"Caso Herrera: implicancia de un contacto"
Revista "Cuarta Dimensión"
N° 9, Buenos Aires, Mayo, 1974.

(16) Hanton, Donald

"Lista de algunos recientes aterrizajes
peruanos"
Revista FSR, Año 1966.

(17) Kaku, Michio

"Universos paralelos"
Ediciones Atalanta, España, 2008.

(18) Loiacono, Enrique

"Yo hablé con un extraterrestre"
Revista 2001, N° 18, Año 2,
Buenos Aires, 1970.

(19) Lorenzen, Coral

"*The Great Flying Saucer Hoax*"
Nueva York, 1962.

(20) Lorenzen, Coral
y Lorenzen. Jim

"*Flying Saucers Occupants*"
New American Library, 1967

(21) Michel, Aime
Valleé, Jacques
Creighton, Gordon
y Lorenzen, Coral

"Los humanoides"
Editorial Pomaire, Barcelona, 1967.

(22) Mostajo Maertens, Luis

"Tres días con los maestros en La Abadía
de los Siete Rayos"
Editorial Obelisco, Barcelona, 2012.

(23) Novi, Vitko   "170 horas con extraterrestres"
Editorial Universo, Lima, 1981.

(24) Panay Lazo, Edmundo   "Entrevientos y Jirkas"
Empresa Periodística Perú,
Huánuco, 2011.

(25) Paz Wells, Sixto   "Los guías extraterrestres y la Misión Rama"
Editorial Longseller Errepar, Buenos Aires,
1994.

(26) P. Wells, C.   "Los sembradores de vida"
Editorial Icone, Sao Paulo, 2001.

(27) Paz García C., Carlos   "Y conocimos gente de otros mundos"
Editorial Argos, Lima, 1995.

(28) P. Elías, Eduardo   "El jardín de los dioses"
Lima, 1988.

(29) Randazzo, Joseph   *The contactees manuscript-Witness ET*
UFO library limited, 1993.

(30) Rivera, Antonio   "Platillos volantes en Iberoamérica y
España"
Editorial Pomaire, Barcelona, 1968.

(31) Silva Hurtado, Charles   *Date with the gods*
("Cita con los dioses")
Coleman Graphics Edicion ,1977.

(32) Toro, Yesid   "Crónica de una vereda en Zarzal"
Diario "El País", Cali, 12 de enero de 2013.

(33) Trainor, Joseph   *1954: Un unusual house guest in Perú*
UFO Roundup, Vol.6, N° 19,
Massachusetts, Mayo, 2001.

(34) Umaña Mejía, Fernando   "La increíble historia de los "humanoides"
que dicen ver en valle"
Diario El Tiempo, 11 de junio del 2019.

(35) Valle, Jacques   "Pasaporte a Magonia"
Editorial Plaza Janes, Barcelona, 1972.

(36) Villarrubia Mauso, Pablo   Revista "El fuego del dragón"
N° 15, Nov., 1999.
La Plata, Argentina.

(37) Viscarra Fabre, Jesús   "Copacabana de los incas"
La Paz, 1901.

(38) Wilkins, Harold T.   *"Flying saucers uncensored"*
Citadel Press, Nueva York, 1955.

(39) Zerpa, Fabio   "Dos científicos viajan en OVNI"
Editorial Cielo Sur, Buenos Aires, 1978.

ÚLTIMOS TÍTULOS PUBLICADOS:

Las ruinas del fuego (Pedro Valbuena)

Higthon (E. Moncluth y F. Villaro)

Cuando tus ojos no ven (Leonardo Vidal)

Luz en la oscuridad (Virginia Mancebo)

Oscura vida de Gatribell (Katherine Barra)

El forzado inicio de la era digital (Carlos Cáceres)

Gritos en el silencio de la esposa de un pastor (Olinka Córdoba)

Pisando serpientes (Ricardo Celis)

El lado oscuro de la sombra y otros ladridos (José Baroja)

La tierra que la vio nacer (Jacqueline Hernández Medina)

Dios, la esencia y la verdad (Liz Huerta)

Seúl: Diario de un amor (Melina Fuenmayor Gotera)

Alas en el corazón (Cristian Moreno)

Un desvío desde la soberbia (Héctor H. Carbajal)

Antes de morir (Laura R. Bruzzese)

Todo va a estar bien (Jean Samira)

La maternidad en tiempos de coronavirus (Raquel Caspi)

Cuentos para soñar y no querer despertar (Arlis Milán)

Historia del balonpesado como deporte autóctono colombiano
(Perea hijo, Murillo, Perea padre)

De vuelta al fogón. Descubriendo el calor de hogar en pandemia
(Eslania Carrión)

Hay un lugar en el mundo (Jesús Huarhua)

El brillo de la vida (César Medina)